# 給我說重點！

讓你擁有 **超強表達力** 的邏輯說話術

劉琳 著

萬里機構

# 前言

你是否從小就被教育成績要好,成績最重要,然而,直到大學畢業,進入職場,才第一次反思自己是不是不會說話:向主管彙報工作時,囉囉唆唆一大堆就是說不到重點;談情說愛時,心裏明明想得挺好,一開口卻支支吾吾地連句完整的話都說不出來;同樣是開口說話,有些人的表達總能說到別人的心坎上……

其實,這都是你吃了沒有邏輯表達力的虧。儘管每個人的內在思想是天馬行空的,但當你與別人交流,向對方傳達意思的時候,如果語言不符合邏輯,就會阻礙雙方的溝通,甚至還會貽笑大方。也許有的人不以為然:說話哪還需要邏輯,有張嘴巴不就能跟人溝通了,這誰不會呀?在實際生活中,邏輯無處不在,不管你是否關注過它,它都無時無刻不在為我們服務。因此,有邏輯地說話,對你的生活和工作有着關鍵性的作用。

邏輯是研究思維形式及其基本規律的學科。它研究的目的在於找到思維形式的規律,總結出正確的邏輯思維方式,有助於人們運用語言準確地表達對客觀事物

的認識，傳達給對方有效的資訊。比如，羅斯福總統是美國人非常愛戴的總統之一，至今仍為人們所深深懷念。羅斯福的邏輯表達能力之強，令人驚歎。現代社會的複雜人際關係，急促節奏的生活和工作，要求我們有更加智慧、更有銳氣、更強調科學性與可操作性的「邏輯說話」之道。

本書通過新鮮、有趣的說話技巧，從實用角度出發，以邏輯說話開篇，分章闡述了常見的邏輯表達問題：說話重複囉唆，表達內容含糊不清、雜亂無章、說話沒重點、說話太片面、表達觀點自相矛盾、表達沒有說服力、思路混亂、表達引起誤解等。書中針對這些問題，給出了具體的說話方法與指導。其中選用了大量的真實案例，以便讀者在輕鬆的氛圍中更容易理解和掌握邏輯表達的有關技巧。

希望讀者以後在日常與他人交流的過程中能靈活運用書中所傳授的方法，不斷積累實戰經驗，形成自己獨特的邏輯思維方式，將自己的真知灼見用眾人能理解的方式表達出來，成為名副其實的邏輯表達高手。

# 目錄

## 第三章
## 清楚表達，誰也不願聽模棱兩可的話

## 第四章
## 三點式結構，糾正雜亂無章的表達

## 第五章
## 主次分明，對方更能理解你的邏輯重點

## 第六章
## 全面思考，規避說話片面的表達方式

## 第七章
## 觀點一致，解決難圓其說的溝通尷尬

## 第八章
## 論證充分，邏輯表達會更有說服力

第一章

說話沒人聽，是吃了沒邏輯的虧

你是否有過這樣的苦惱：自己不能在人際交往中如魚得水，不懂得如何與他人面對面交流。你是否常常這樣責備自己：為甚麼我說話總是前言不搭後語、顛三倒四，詞不達意、表達不清？其實，這都是因為說話沒邏輯。無論是在商界還是在政界，大受歡迎的都是會說話的人。他們之所以能一開口就打動人，句句說到別人心裏去，就是因為思維有條理，語言有邏輯。

# 01 你說話為甚麼 沒人願意聽

> 說話是一門技術。對同一個人表達同樣的意思，你對他說話，他總是聽不明白；別人說的時候，他就茅塞頓開。這很可能是你自身的原因。

在溝通過程中，有的人説話有理有據、條理清晰，讓人不知不覺就順着他的思路往下走。但為甚麼你説話時，別人總是在聽完一兩句後，就對你的話置之不理、遲遲不做回應呢？問題在於你説話沒有邏輯。

通常，一個邏輯表達力強的人能清晰地將自己的所思所想傳遞給別人，讓溝通變得十分順暢；而邏輯表達力弱的人，即使心中有萬千種想法，也很難用語言表達出來，這就十分可惜了。那麼，邏輯表達力弱具體有哪些表現呢？

## 1 表述不清晰

表述不清晰的根本原因是説話者自身的思路混亂。通常，你很難把心中的想法和感受完美地描述出來，聽者需要根據你的描述在腦海中重新構建一個圖像。你描述得愈生動、準確，他腦中的圖像就會愈清晰。如果你腦中的邏輯理不

清，表達就會混亂，讓人抓不住重點，對方是不會願意聽你說話的。

## 2 說話沒有重點

說話沒有重點，又缺乏連貫性，會導致對方難以理解你的真實意思，甚至造成不應有的誤會。事實上，無論是你還是溝通對象，都可能會說一些無法準確表達真實想法的話。這是因為人的潛意識中運行着一種「保護性無邏輯」機制，來保護自我或自我意識。你大概也會經常覺察到對方說話毫無邏輯，尤其是在激烈爭辯的時候。

## 3 措辭不當

在表達的過程中，你往往會下意識地去營造某種對話氛圍，可能是令人捧腹大笑的輕鬆氛圍，也可能是令人不敢嬉戲的嚴肅氛圍。對話氛圍好壞的營造關鍵在於你的措辭。比如：

「你真是笨，跟牛說三遍牛都懂了，你居然還不懂。我跟你解釋不清。」

「這個問題可能有些不太好理解，但我盡量把這個問題給你解釋清楚。」

## 4 只唱「獨角戲」

表達不是一種單方面的行為，而是雙方交流互動的一個過程。也就是説，高明的表達不僅要發揮「説明」的作用，還要實現與他人的交流，使各方都融入其中。比如：

「我將從六個方面彙報我的工作……彙報完畢，謝謝大家！」

「對於這一點，大家有好的建議提供給我嗎？」

在上面的案例中，如果不是照着稿子自顧自地説，而是偶爾停下來，提出幾個自己不懂的問題，請求對方解答，或在彙報中留下明顯的幾處「不足」，引人發問，就會出現互動，別人也更願意順着你的思路走。

## 5 不恰當地轉移話題

不恰當地轉移話題也是邏輯表達能力弱的一個常見表現。尤其是在談論棘手的主題時，人們通常會採用若干不同的策略來轉移話題。比如，當主管試圖與一個員工進行回饋性的對話以便糾正一些不恰當的行為時，員工總是強調他最近取得的成就。在主管看來，員工是在通過轉移話題來躲避責罰，但這樣的小伎倆，主管會一眼看穿。

# 02 有邏輯地表達，
## 開口就能打動人

溝通漏洞原理告訴我們，你心中的想法在傳遞過程中會不斷「損耗」，真正能被對方理解的內容還不足一半。有邏輯地表達，能夠提升資訊的傳達率，可以使對方接收更多有效資訊。

通常，我們心中所想的內容，說出口的或許只有 80%，對方聽進去的只有 60%，回應的只有 40%，這就是溝通漏洞原理。由於溝通漏洞的存在，說話時就更需要具有邏輯性，如此對方才可完全理解你的真實意思。

一個說話有邏輯的人，總是可以流利地表達出自己的想法或意圖。不僅如此，他還能把複雜的道理說得簡單、明瞭，把淺顯的道理說得清楚、動聽，使對方很樂意聽他說話。總之，一個說話有邏輯的人，能做到言之有物、言之有序、言之有理、言之有情。

再對比一下那些說話沒有邏輯的人。顯然，他們很難準確地表達自己的想法或意圖。說話時，要麼顛三倒四、雜亂無章，要麼詞不達意、東拉西扯，很難說到重點。這樣說話的人一開口就會讓對方感到厭煩，又如何打動別人呢？

說話沒人聽，是吃了沒邏輯的虧

請看錯誤的和正確的邏輯表達：

「在這場交通事故中，好像是這輛車先……呃……又好像是後面那輛車先超車……後來就撞上了……」

「這場交通事故發生的時間是……地點是……事情的經過是這樣的……」

那麼，有邏輯地說話，具體都有哪些好處呢？

## 1 簡明扼要地表達觀點

有邏輯地說話，可以讓你對想要闡述的問題的重點及結論進行整理，將你想說的話明確地表達出來，從而減少對方的誤解。很多時候，受各種條件的影響，說話者邏輯不清，說出的話就很容易讓人誤解，嚴重時還會產生爭吵。

## 2 減輕聽者的負擔

心理學家研究發現，聽一個人說話，本身就容易感到厭煩。因此，有邏輯地說話就顯得非常重要，特別是面對那些容易產生厭煩心理的聽者時。

## 3 提升你提問的能力

邏輯清晰的說話者在提問的時候，非常明確自己希望得到甚麼資訊，不會浪費時間去計較不相干的事物。如此他們提問的內容愈多，接收到的有效資訊也就愈多。

提問有營造尊重氛圍、增進參與、促進坦率、激發反省、深化理解等作用。其中激發反省和深化理解兩種作用，只有那些有邏輯性的提問才能實現。因此，提升說話者提問的能力很重要。

說話沒人聽，是吃了沒邏輯的虧

## 03 提升邏輯表達力，
## 四大要素不能少

你平時說話時是否存在主題不夠明確的現象？是否經常語序顛倒？如果有這種現象，就是說話沒有邏輯的表現。

做到有邏輯地表達，要具備以下四大要素。

### 1 明確自己想說甚麼

明確自己想說甚麼，確定自己表達的主旨，是讓你的話語符合邏輯，彰顯魅力必備的要素。比如：

「我覺得阿敏在工作中辦事效率很高，處處為其他同事着想，任何事情都以公司大局為重，值得獎勵。我記得有一次，她為了幫我列印一份設計圖，耽誤了和男朋友約會，為這事我還十分過意不去呢。」

「我覺得阿敏是一個盡職盡責的好員工，她不但為別人着想，而且在自己的工作方面也很努力。因此，我覺得她應該獲得這次表彰。」

## 2 説話要言之有序

在生活和工作中，我們遇到的人和事都很複雜，假如你能夠把握好邏輯順序，那麼就能讓複雜的事情變得簡單起來。那麼，如何才能做到言之有序呢？

### 按照事情的發展順序來説

在與別人溝通時，你可以根據時間、地點、人物、起因、經過、結果的順序來敘述，讓對方能夠輕鬆理解。

### 按照主次順序來説

我們先來看關於一個問題的兩種回答情況：

---

問：「你的工作為甚麼沒有完成？」

答1：「這個工作太難了，很多地方我還沒有理解，我加了好幾天班，都沒有進展。昨天我太累了……」

答2：「我昨天加班加得太晚了，最後也沒有寫完。這個工作實在是太難了，很多地方我都還沒有明白，想這幾天向你請教。」

---

對比這兩種回答方式，第一種回答中有抱怨情緒，第二種回答中情緒顯得比較平和。根本原因是第一種表達中，回答者説話時沒有分清主次，説話言之無序。

說話沒人聽，是吃了沒邏輯的虧

### 敘述緊急事件時先說結果

在敘述緊急事件時，就不能按照時間、地點、經過、結果的順序來說了，而是要先說結果，開門見山，讓對方有一個清晰的認識和心理準備。

### 3 句子要完整

說完整的句子是溝通順暢的關鍵，也是表達清晰的關鍵。如果句子不完整，很容易使對方產生誤會，這樣不但浪費時間，更易帶來不必要的麻煩。比如：

「那天我交代給你的工作，你完成了嗎？」

「上週五，你把××公司的合約寄出去了嗎？」

如何才能使你的話語變得完整呢？每句話表達的資訊要完整，不可打斷、中止一個完整的句子，不可只說關鍵字。

### 4 使對方充分理解你的意思

邏輯表達的目的就是讓對方充分理解你的意思，從而使溝通更加高效。假如你用詞不當，或表達的意思不明確等，都會容易使對方誤解你的意思。因此，在說話時一定要避免出現這些錯誤。

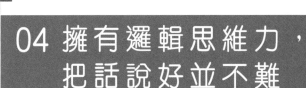

# 04 擁有邏輯思維力，把話說好並不難

邏輯思維力一直是語言表達中一種重要的能力。它的本質就是在表達過程中，給你提供一種梳理問題、分析問題及解決問題的方法論。那麼，要想說話的時候符合邏輯，需要具備哪些邏輯思維力呢？

一些人說話總是不經大腦，說出的話讓人摸不着頭腦；還有些人說話時總是語無倫次、毫無邏輯等等。這都是因為我們缺乏邏輯思維力。下面給大家介紹幾種基本的能力，能夠讓你的表達更具有邏輯性。

## 1 觀察能力

觀察是解決問題的關鍵和前提。通過觀察，你就能知道如何組織自己的語言，能夠比較客觀、明確地表達自己的觀點。一個人具有觀察能力對其有三個好處：

（1）使你的話語更有說服力

（2）擺脫臆想猜測

（3）避免被他人抓到把柄

說話沒人聽，是吃了沒邏輯的虧

## 2 思考能力

很多時候不是因為你不會説話，而是因為你説話時不懂得思考，所以在表達時就容易出現一些邏輯錯誤。假如你想不明白，那麼自然也就會説不明白，對方也會感到厭煩。通過下面的例子，我們不難發現問題所在。

「××是個只會吹牛和賣弄的人，這就是事實，不信你可以問問大家是怎樣看待他的。」

「××平時比其他人更喜歡展現自己，説話有時候比較誇張。」

## 3 組織語言的能力

組織語言，簡而言之，就是你想要你的每次交流如何發生、如何發展、如何結束。你應該擔負起整個交流的責任。當然，你怎樣去組織，基於你對當前情況的解讀。

語言組織能力體現的是一個人內在的思考和總結。想要表達得更清晰、有邏輯，就要多鍛煉你的語言表達能力。比如，平日你可以多閱讀一些好的作品，這不僅可以開闊你的視野，還能增強你的語言組織能力和邏輯思維能力。

## 4 準確表達能力

準確表達能力，是指用詞準確，語意明白，結構妥帖，語句簡潔，文理貫通，語言平易，合乎規範，能把客觀概念表述得清晰、準確、連貫、得體，沒有語病。假如你不能清楚地說出自己想要說的話，對方就會聽不明白，甚至在某些事情上，還會造成不可彌補的損失。

## 5 觀念付諸語言能力

觀念付諸語言能力，就是為自己的觀點找到合適的語言或措辭。比如，邀請喜歡的人約會時，很多人會這樣說：

「你這週六有時間嗎？」

若是兩情相悅，那這種措辭自然沒有問題，否則能否得到肯定的回答可就難說了。其實只要換種說法就能跨過這道障礙。比如：

「那家有名的法式餐廳，現在只能訂到這週五或週六的位子，你這兩天哪天有空呢？」

同樣的邀請，這樣的措辭就顯得更有邏輯性，也更容易幫你邀約成功。

說話沒人聽，是吃了沒邏輯的虧

# 05 說話有邏輯的人
# 應具備的姿態

說話時不僅要有邏輯表達的能力,還要有從內心發出的正確姿態,比如,說話時表現出的尊重、真誠、自信等。同時,適當地調整你的動作會讓你的情感表達更強烈一些。

說話有邏輯的人,具體應具備的姿態有以下幾種:

## 1 尊重

尊重是溝通能夠順利進行的基礎。如果我們表現得不尊重對方,就會使對話變得消極或激進,或兩者兼而有之。因此,一旦人們在溝通中不受尊重,討論馬上就會終止,取而代之的是他們出於自尊的高度防禦狀態。

## 2 真誠

真誠就是思想、情感和行為一致,即言行一致、表裏如一。如果我們能夠真誠地對待對方,對方也會真誠地對待我們,透露出他內心的真實想法和看法。

真誠一定要發自內心，不是表面上的裝模作樣。而我們內心的真誠常常會表現在言語和表情上。

### 3 自信

如果一個人在說話的時候連自信都沒有，別人又怎麼會相信你，被你說服呢？可以說，一個人自信心有多強大，對別人的影響力就有多大。

### 4 親和力

當你渾身散發着親和力時，溝通對象就會不由自主地被你感召，放下緊張和焦慮，傾吐心中的話語。親和力就像一種磁場，能夠讓人樂於跟自己待在一起，感受到安全、平靜和快樂。

另外，也要注重調整你的動作，這樣會讓你的情感表達更強烈一些。比如要表現得很自信，就像你真正感覺到了有信心和喜悅一樣走動或站立。注意，這不是「造假」，而是在假設的情況下做出某些行為。當你感到自豪時，你會抬起頭來、面露微笑等，而不會急促地呼吸、緊縮下巴以及緊握雙手，因為這些動作通常是與恐懼相聯繫的。

▶▶ ▶▶ **延伸閱讀**

# 提高邏輯表達力的
# 有效途徑

人與人之間的溝通無處不在，但很多溝通都是無效的或效果不理想的。在這個競爭激烈的社會，如何有效溝通、有邏輯地說話顯得非常重要。下面就給大家分享一些關於提高邏輯表達力的知識。

## 1 培養抽象思維

邏輯大致可以理解為對具體事物規律的抽象總結。人類大腦進化出邏輯推理功能，一個主要的理論依據是，原始人類在追捕獵物過程中根據獵物足跡、環境和習性的各種規律分析出獵物所在的位置。因此，邏輯性要強，多培養抽象思維。

總體來說，一個人說話的邏輯與受教育程度有較大的關係。受教育程度愈高，接觸到的知識就愈多，對於邏輯和複雜概念的把握能力也就愈強，因此邏輯表達力就愈強。

## 2　多進行閱讀

多閱讀一些抽象思維的書籍也是提升邏輯表達力的一種好方法。比如，閱讀小說和閱讀哲學著作相比，小說更多培養的是對畫面的想像能力和對角色的共情能力，而哲學著作就要求你運用抽象思維去思考。

在閱讀抽象思維類型的書籍時，一定要慢讀、精讀，有時還需要你回頭看看閱讀過的章節，並重新整理自己的思路。有邏輯地閱讀，要求你一邊閱讀，一邊在大腦中構造出作品的大框架。假如你讀完一章就忘記一章，最後對你的邏輯思維能力的提升是沒有甚麼幫助的。

## 3　多寫作，提升書面表達力

邏輯表達能力是需要通過訓練來提升的。假如你的邏輯表達能力還比較差，可以從書面表達開始練習。書面表達可以使你有足夠的時間思考，讓你仔細琢磨措辭和邏輯的嚴謹性。書面表達可以是有目的性的寫作，如讀書筆記類的評論，或是對問題的分析，也可以是一般性的對自己生活體驗和見聞的總結。

這樣一個過程不僅可以提高你的寫作能力，還能提高你的邏輯思維能力，令你發現自己在邏輯表達上的不足，進而慢慢改變和提升。

 **參加辯論賽**

參加辯論類比賽，對於鍛煉邏輯思維、提升邏輯表達，也是一個不錯的方式。一方面，賽前準備就是一個梳理自己辯論內容的邏輯和組織語言的過程；另一方面，辯論時的緊迫壓力可以提升你的大腦反應速度。

 **少說多聽**

為了使你更好地了解對方的邏輯，你需要停下來傾聽對方的話。集中精力傾聽和不加評判地傾聽是傾聽的基本要求。集中精力傾聽需要我們有很好的自制力，全身心地聽別人說甚麼，並要聽對方話中隱含的資訊。但有些時候，冗餘的事情會存在我們腦子裏，使我們無法集中精力。最好的辦法是當發現自己走神的時候集中注意力，努力回到當下的對話中。

不加評判地傾聽很難做到，我們要盡量做到：理性觀察，不急着做反應；先徵求對方的同意再提供建議。

# 6 拓寬關注的廣度

說話邏輯性比較差的人，關注的廣度比較狹窄。因此，你需要學會拓寬自己的關注廣度，在時間和邏輯的維度上都能夠廣泛關注到說話的所有內容，而不只是某時某刻聽到的內容。

# 7 追求多角度思維

對於事物，你要盡可能地運用兩個或以上的角度來觀察分析，並且能夠區分不同角度之間的優勢與劣勢，這樣你就能夠更好地認識事物的多面性，也能夠避免自己因為單一邏輯而造成的偏見和局限。

最後，你要知道，沒有人一生下來就能有邏輯地說話，它需要你不斷地練習和積累經驗。

說話沒人聽，是吃了沒邏輯的虧

# 第二章

## 把握主題，避免說話重複囉唆

古語云「言多必失」，話不在多而在精，冗長的話語讓人聽起來厭煩。劉禹錫的《陋室銘》中有這樣一句話：「山不在高，有仙則名；水不在深，有龍則靈。」人與人之間說話也是如此，講話不在於多，而在於精簡，在於每句話的品質。

## 06 說話把握主題，才不令人反感

在任何場合，說話重複囉唆都容易引起對方反感。通常，說話善於把握主題的人，才能得到對方的欣賞。

主題是一個人說話最基本的核心，任何表達其實都是圍繞這個核心展開的。我們將說話分為兩類：一類是事先就有明確的主題，另一類是事先沒有明確的主題。比如，會議發言、演講、辯論等都屬於前一類，這樣就可以輕鬆進入選擇表達內容的階段了；而那些朋友聚會時即興的對話和閒聊等都是沒有明確主題的，人在這種時刻處於放鬆的狀態，因此說話就十分隨意，而這也是說話囉唆、沒有中心最常發生的時刻。

說話要遵循「一」的原則。這個「一」就是一次分享、一個故事或者一次講話只表達一個觀點、一個主題。按照書中的方法，每天不斷地練習，說話的能力慢慢得到了提升。

愛說話並不等於會表達。無論是會議發言，還是和朋友聊天，表達的每一段話都應有一個明確的主題。對說話者來

説，表達得輕鬆、清晰；對傾聽者來説，他也能聽得明白，更容易接受。

當然，在表達過程中也要注意不要偏離主題。對於「事先有明確主題」的交流，要不時地提醒自己主題是甚麼，或在剛要離題時能夠及時「剎住車」；對於那些「事先沒有主題」的交流，你可以試着提取自己説話的主題，將其明確化、具體化，這樣表達起來就有了「重心」，避免出現表達囉唆、雜亂的情況。

那麼，如何增強你的主題把握能力呢？其實，重要的方法是提高你提取主題的能力。在別人説話時，你可以嘗試着去提取他説話的主題。

「以前我總去書店、圖書館，但現在電子設備上都可以看書了，所以我很少去書店買書了。當然，如果想買紙質書，我會從網上買，還會有好多促銷活動。」

在閱讀本書之前，你可能會隨意地接着對方的話聊下去，但現在，你可以嘗試去提取一下對方想要表達的主題——閱讀方式的轉變。得出這個主題後，你可以更深入地去練習。比如，假如你要表達這個主題，該如何説呢？相信通過這樣不斷練習，你在把握主題和提取資訊方面的能力會不斷增強。

## 07 省略長篇大論的開場白

不管是正式場合還是非正式場合，說話都應追求乾淨俐落。開場白也是如此，一開頭就快速切入主題，能讓對方一下子進入狀態，不用浪費時間和精力去繞圈子。

冗長的開頭容易讓聽者覺得厭煩，無法把握交流的重點。表達的目的就是把重要的內容説清楚，而任何開場白或鋪墊其實都是為內容而服務的。如果喧賓奪主，用長篇大論的開場白先分散了對方的注意力，那麼後面的表達就很難取得較好的效果。

很多人都會犯這樣的錯誤：他們認為對方一直在聽自己説話，但事實上對方並沒有，他們在乎的只是自己的事情，除非你的開場白足夠吸引人，內容對對方有一定的意義。要做到這一點，就要構建「坡道」，這就是彼得‧邁爾斯（Peter Meyers）提出的「坡道理論」。

對此，他認為，坡道就是演講時你説出的那幾個句子。它應當馬上吸引聽眾的注意力，並有足夠高的「坡度」，這樣，無論接下來你説甚麼，都會引起聽眾的興趣。這就像

跳台滑雪，坡道會改變你衝擊的角度，將你推送到一個更高的水準。在聽眾的腦海裏，它會提高你講話的重要性，將你說的內容放到一個更高的優先層次上。一旦你的聽眾開始關注你將要說的內容，那麼他會一直傾聽你的講話。

那麼，你想過對方決定是否關注你說話要花多長時間嗎？研究表明，你能利用的時間只有七秒。因此，在表達你的開場白時，切記要讓它出眾、乾淨、俐落，要旗開得勝，因為沒有時間讓你浪費。比如下面的完美開頭：

「在座的每一位都為公司的成功做出了巨大的貢獻。你們當中的許多人是公司的創建者。你們一起創建了這家公司，並且在你們的努力下，公司已成為行業裏的佼佼者。但是，女士們、先生們，我們現在面臨一個挑戰。在接下來的七年裏，你們中 20% 的人會退休，而我們沒有儲備在未來帶領我們前進的人才。這就好像一次航行，出發時有充足的補給讓我們到達目的地，但是沒有充足的補給讓我們回家。如果我們現在不採取積極的行動，那麼公司的未來就成敗難料了。」

為了架構坡道，彼得·邁爾斯提出了一些有效的開場策略：

## 使用讓對方感到震驚的內容
使對方一下子對你的話引起高度關注。

把握主題，避免說話重複囉唆

### 運用統計資料

特別是那些與每個人的切身利益及日常生活息息相關的數據，可以讓對方感到驚喜與振奮。

### 講大家感興趣的故事

包括歷史故事和現實案例。

### 用「坦白」來表現自己的不足

欲揚先抑，給人真誠的印象。

### 以「你或你們」開頭

說明你談論的是對方喜愛的話題──關於對方的。

### 提出問題

比如：「你們當中有多少人認為孩子就讀的學校應該做得更好？」

### 慎重講笑話

除非你的笑話足夠新穎、幽默且與對話主旨有關。

### 運用「想像」這個詞

這個詞具有不可思議的力量，因為它使對方從被動的一方轉變成了積極的參與者。

## 08 滔滔不絕不得人心，
## 沉默能更好地表達觀點

說個沒完沒了，不如在合適的時刻使自己保持沉默。有時候，適度的沉默比妙語連珠更有利於對方接受你的觀點。

我們常常用「口若懸河」、「舌燦蓮花」等詞語來形容一個人的口才了得，但事實上並非所有事情都說得愈多愈好。無論是與朋友交談還是工作交流中，滔滔不絕、獨霸時間的人都會令人反感。

阿莎長得好看，又愛說話，不論在甚麼樣的場合，都會成為大家關注的焦點。一次，她去一家外企進行面試，因為她很想進入這家公司，便在面試前準備了好多資料。在面試過程中，面試官問她：「你對我們公司了解嗎？」話音剛落，阿莎立即把該公司的基本狀況、業務狀態、產品等一一介紹了一遍，就像背書一樣。

面試官聽後，點了點頭說：「請你簡要說一說你自身的優點和缺點。」阿莎立刻把從小到現在所經歷的事情幾乎都說了一遍。面試官根本不願意聽這些，幾次想打斷她的話，都被阿莎的強勢表達擋了回去。最後，她總算說完了，面

把握主題，避免說話重複囉唆

試官語重心長地說道：「你非常能説。」阿莎心裏暗喜，以為面試官是在表揚她。面試官微笑着說：「面試結束了，回去等我們的通知吧。」

阿莎對自己的表現很滿意，想着一定能被錄用。但結果是相反的，她主動給那家公司打電話，詢問為甚麼面試沒通過。那邊傳來的結果是：「你在説話方面可能存在一些問題，急於表達，不注重傾聽，不能勝任我們公司的銷售工作。」阿莎之所以面試失敗，就是因為她在回答面試官的問題時總是説個沒完沒了。有句話説的是「庸者健談，智者沉默」。看來，並不是所有的「侃侃而談者」都會受到大家的喜愛和歡迎。

《鬼谷子》中寫道：「人言者，動也；己默者，靜也。」一個人說話，屬於動；一個人沉默，則屬於靜。學會以靜制動，才是良策。簡單的沉默做起來不難，難的是如何有智慧地沉默，讓你不説話卻更有禮貌，更受人歡迎。

美國加利福尼亞大學心理學教授古德曼曾提出：「沉默可以調節説話和聽講的節奏。沉默在交流中的作用，就相當於零在數學中的作用。儘管是『零』，卻很關鍵。沒有沉默，一切交流都無法進行。」

需要注意的一點是，沉默並不是簡單地、一味地不説話，而是一種成竹在胸、沉着冷靜的姿態，尤其是在面部表情

上絕不能「沉默」。因為眼睛會流露出你的真誠，微笑的嘴角會表現出你謙和的態度，適當地點頭將傳達出你的贊同之意。嘴在休息，但千萬別讓自己的心也休息，它還需察言觀色，在內心做出回應。

那麼，沉默多長時間為宜呢？三秒鐘是最合適的。這個短暫的「空白時間」會讓快節奏的對話一瞬間慢下來。對方的大腦也能從高速運轉中突然清醒過來，將注意力更加集中在談話的主題上。

在生活和工作中，我們時常會遇到因說過多話而後悔的情況，適當地保持沉默是更好地表達觀點、避免這類問題發生的最好辦法。適當地保持沉默，除了能讓你有更多思考的時間、減少說錯話的概率外，還能讓對方聽出你的真正意思，迫使對方去傾聽和思考你的話語。適當地沉默可以改變你說話的節奏，突出自己想要對方重點關注的內容。

## 09 適當保留，勿將所有資訊傳達給對方

在表達中，你要做到輕重有別，不要把所有資訊都全部說出來。應考慮對方的情況，並找到與主題最相關的思路，闡述清楚即可。

有這樣一個有趣的傳話現象：一句話從第一個人悄悄地傳遞到第十個人，等到最後一個人描述時，其意思變化很大。就算是一模一樣的資訊，同時傳達給十個人，每個人對它的接受程度和轉達，也都是不盡相同的。因此，在你表達時一定不能增加很多冗雜的資訊，不要將所有資訊都傳達出去。比如：

「我們準備辦一個活動。因為上次那個活動主管說……所以……」

「星期三下午我們在中心廣場有個活動，你也來吧。」

只想着自己説甚麼，相當於把自己杯子中的水倒入別人的杯子，但實際上對方杯子中的水已經溢出來了，對方的資訊因此得不到整理，只留下模糊雜亂的記憶。

説話是要講究方法和分寸的。你要根據不同的人、不同的時間、不同的場合和不同的事情，學説不同的話，而不應一味地按照自己的思路，要考慮對方對自己説的話是否感興趣，自己的觀點能否被對方接受等。

一個人將所有心中的想法或話語都毫無保留地説出來，很容易傷害對方，因為每個人心中都有「不可談論之事」。約翰·R.斯托克（John R. Stoker）説：「我們將自己想到、感受到但不説出來的一切稱為『不可談論之事』。為甚麼不可談論呢？這是因為，我們將這些想法及它們造成的感受都藏在心裏……我們總是進行着兩個對話，一個對話是在我們的腦海中，另一個對話則出自我們的口。」因此，在表達時，你要考慮對方的喜好、興趣和隱私等，考慮你將要説的話是否會引起對方的不快。

那麼，你應如何避免這一情況呢？約翰·R.斯托克説：「如果我們花點時間來思考自己想要開展的對話，在我們的『意識』腦中，對棘手的話題做深思熟慮、目標明確的準備，那麼，我們必將創造一個不同的現實。通過對難題進行認真思考，你將做好智力、心態和對話的準備，從而加大成功的可能性。」

# 10 刪繁就簡，複雜話要<br>簡單表達出來

> 話不在多，而在精。如果你的話語不夠簡練，就<br>會出現很多邏輯問題，讓對方感覺你的話語沒有<br>中心，思路不清晰，造成理解負擔。

在日常生活和工作中，人們都有一套自己的說話方式。表達同一件事情時，有的人需要用很長時間、組織很多語言才能說清楚，有的人則只需要一句話甚至一個簡潔的詞語就足夠了。而後者往往更能讓人清楚地理解和明白。

簡明扼要的說話方式會給你的形象加不少分，彼得‧邁爾斯教授說：「在有效的溝通中應避免使用陳詞濫調和業內行話。聽者會根據語言的新鮮程度來判斷你思想的新鮮程度。」那麼，如何刪繁就簡，把複雜的話簡單表達出來呢？

## 1 會概括

概括與抽象有緊密聯繫，沒有抽象就不能進行概括。在進行抽象和概括時，要注意捨棄次要的、非本質的屬性，把主要的、本質的屬性抽取出來，再通過概括表示同類事物的全體。比如：

不要說「他總是做一些力所不能及的事情，從不先考量自己的力量和本事。」

試著說「在做事情的時候，他總是不自量力。」

避免使用長句子，盡量使用簡單易懂的短句子。

## 2 會強調重點

在表達中，你要學會對重點內容進行適當的強調，讓你的說話主題更加突出，有利於對方快速明白你說話的側重點。因此，你就要省略或弱化那些無關緊要的話語。要突出強調你說話的重點，有兩種常用的方法：第一，提高音量。這是比較直接的做法，也是大多數人習慣採用的方法；第二，停頓。停頓所帶來的突如其來的沉默，和突然提高音量有異曲同工之效。

## 3 與你的意圖相匹配

用簡單的言語表達時也要注意是否與你的意圖相匹配。假如一項工程沒有如期完工，說「我們失敗了」可能會扼殺團隊的希望，打擊團隊的士氣。如果你想讓他們重視事實，而不是嚇唬他們，你可以這樣說：「我們沒有實現所有的目標。」

## ▶▶ ▶▶ 延伸閱讀

# 改掉你的口頭禪

口頭禪是指一個人習慣在有意或無意時常講的語句。口頭禪算是一個人的一個標誌，也影響他人對他的印象。口頭禪是心理的一種反射，可反映出説口頭禪者的心理狀態。

很多人在説話的時候，都會習慣性地帶上口頭禪，如「是不是」、「對不對」、「這個這個」、「那個那個」、「嗯」、「啊」等，這些口頭禪偶爾聽一兩次沒甚麼。但是，如果出現的次數太頻繁，就會讓你的表達顯得囉唆，特別是髒話類口頭禪，既折磨聽者，也破壞自身形象。那麼，如何改掉這些口頭禪呢？

## 1 錄製口頭禪

你可以把自己的口頭禪錄製下來，然後反覆播放，以聽者的角度體會一下反覆聽到這些詞的感受。當你自己從內心開始反感的時候，就會慢慢降低自己説口頭禪的頻率。

## 2 懂得自我克制

説話時要懂得自我克制，不要脱口而出，應先在心裏組織好措辭，然後把這些措辭以適當的語速表達出來，這樣既能避免出現口頭禪，又能使你的表達很有邏輯。

## 3 積累詞句，練習演講

通常，頻繁説口頭禪是口才不好的表現，由於一時沒有詞，説話出現空隙，才會用口頭禪來填充。你可以多閱讀一些經典文章，背誦一些好的句子，然後多加練習，這樣就能避免詞窮導致説口頭禪。

## 4 培養自己的邏輯思維

頻繁使用口頭禪的人，思維上往往缺乏嚴謹性。平時可以多看一些提高思維嚴謹性的書籍，從規範思維的方面着手，改掉口頭禪。

把握主題，避免説話重複囉嗦

## 5 讓好友幫助提醒 _____

你可以找一個好友來監督自己，一旦説話出現口頭禪，就用規定好的某種方式來懲罰自己。

## 6 不斷堅持

要想改掉愛説口頭禪的毛病，需要你不斷堅持，有意識地進行練習，直到你完全改掉為止。千萬不要三天打魚兩天曬網，這是沒有一點效果的。

# 第三章

## 清楚表達，誰也不願聽模棱兩可的話

表達不清，不僅容易使人聽不明白你的意思，也不能保證你的談話對象在傾聽你說話。在生活和工作中，假如你所表達的意思模棱兩可，你的說話根本就談不上富有邏輯性。一旦對方問「你到底想說甚麼」，那你就鐵定出局了。為了能夠做到清楚表達，應學習一些技巧和方法。比如，改掉使用歧義語句的壞習慣、用對比來表達、表達具體、運用肢體語言等。

# 11 表達內容含糊不清，讓人無所適從

大多數人都喜歡說話清晰而不含糊的人，因為說話含含糊糊，沒有明確的觀點，容易讓對方不明所以、難以理解。表達含糊不清的人違反了「排中律」的邏輯規律。

在邏輯思維中，「排中律」要求在同一表達中，一個概念或反映事物的某種本質，或不反映事物的這種本質，一個判斷或反映事物的某種情況，或不反映事物的這種情況。同時，「排中律」還要求，對於互相矛盾的兩種思想必須做出排他的選擇，而不允許都加以否定或都加以肯定。

在表達過程中，「排中律」要求人們必須有個明確的觀點或意見，贊成或反對，應說清楚，不能含含糊糊。

在會議中，主管對大家說道：「今天，我們開會的目的就是讓大家記住，我們公司接下來的發展從整體佈局出發，但也不能片面地追求整體，細節也是很重要的，希望各個部門務必做好相關工作。」

顯然，主管的這句話含糊不清，讓大家不明白到底是抓整體還是抓細節。另外，句中的「相關工作」也沒說清楚具體是甚麼，讓人百思不得其解。上面那些模棱兩可的話語正是邏輯謬誤的一種真實表現形式，如果你用這類話與人交流，對方將很難明白你想要表達的意思。

羅布·肯德爾（Rob Kendall）說：「無論會議有多麼歡樂、鼓舞人心，除非有清楚的對話，否則任何事情都不會得到發展。必須做到三件事：清楚地知道要和誰，在甚麼時候，交付甚麼。如果任何一件缺失，期望行動的概率都將大幅度下降。持續地練習這個策略，你會發現效率的提升。這是小的改變，卻有大的不同。」當然，這樣的方法指導不僅適用於工作中，也適用於其他對話場合。

# 12 改掉使用歧義語句的 不良習慣

歧義指一個詞或句子有幾種不同的意義。在邏輯表達中，如果某個詞或某個句子在不同的意義上被使用，那麼這個邏輯表達就犯了「歧義」的邏輯謬誤。歧義容易造成誤解。

歧義謬誤是語言歧義導致無效推理的現象，是一種言辭謬誤。歧義句是在理解上會產生兩種可能但在當時語境中只取其中一種含義的句子。換句話説就是，某個句子可以這樣理解也可以那樣理解，但不確定究竟在表達哪種意思。

比如，「電動車沒鎖」這句話就是一個歧義句，容易讓人產生疑問：電動車是沒有安裝鎖呢，還是電動車安裝了鎖，但沒有鎖上？因為「鎖」這個字有兩個意思：一個是動詞，上鎖的意思；一個是名詞，鎖頭的意思。

「阿宗昨天約我在『我家』門口見面，結果我在『我家』牛排館門口等了他好久他都沒來，還說我沒到，真是惡人先告狀。」實際上，阿宗約的是對方的家門口，但是對方以為是在「我家牛排館」門口，雙方指的不是同一個地方。因此，這也是一個歧義句。

「之前阿珊跟我説她最怕蜘蛛，昨天我化裝成蜘蛛去嚇她，她竟然一點都不怕，真會騙人。」阿珊怕的可能不是蜘蛛的外形，而是蜘蛛這種生物。在這樣的情況下，説話者推理中的「蜘蛛」有兩個含義：第一是蜘蛛這種生物，第二是蜘蛛這種外形。因此，説話者犯了歧義謬誤。歧義主要有以下幾種類型：

## 1 語義不明確造成的歧義

「開刀的是她父親。」可理解為她父親是開刀的外科醫生，也可理解為她父親有病，醫生給他做了手術。

## 2 結構關係不同造成的歧義

「學生家長。」可理解為並列關係，意為「學生和家長」，也可理解為偏正關係，意為「學生的家長」。

## 3 詞類不同造成的歧義

「飯不熱了。」「熱」是動詞，即不用熱飯了，涼的也可以吃；「熱」是形容詞，即飯涼了。

## 4 詞語含義多解造成的歧義

「躺在床上沒多久，他想起來了。」可理解為「他要起床」，也可理解為「他想起了甚麼事」。總之，在表達的過程中，我們要盡量避免使用具有歧義的語句，否則很難準確地表達自己的意圖，令對方產生不必要的誤解。

## 13 表述具體，避免對方進行過濾式解讀

當你的表述模糊不清時，對方就會通過他自己的心理模式對你說出的話語進行過濾式解讀。只有表述具體，才能讓對方成功接收你所表達的意思。

很多時候，對方之所以沒有聽懂你的話語或要求，是因為你在表述的時候含含糊糊、不明確。你是否能清楚、具體地表述自己的要求，決定了是否能達成期望。下面就是一個典型案例：

貝克是某城市的一位維護主管。一天早上，他要求手下的員工去市政廳「檢查花圃」。這名員工去了，並在兩個小時後回來了。貝克問：「怎麼樣？」員工回答：「挺好啊。」第二天，貝克去市政廳辦事情，當他路過花圃時，眼前的景象讓他震驚不已。花圃中長滿了高高的雜草，草坪上散落着週末舉行大會留下的垃圾，有一個噴水裝置還在漏水。

貝克很生氣，回到辦公室便質問那位員工：「昨天我讓你去檢查市政廳的花圃，可是，今天我去那裏的時候看到一片狼藉……你到底怎麼做的？」員工回答：「你讓我檢查花圃，我的確檢查過了呀。我到處走了一遍，確保每個東

西都『檢查』過了。」貝克問：「用了兩個小時？」員工再回答：「是呀，如果你想讓我割草，你就應該叫我去割草。如果你想讓我打掃花圃，你就應該叫我去打掃。」

在上面的案例中，貝克自以為表達清楚了，而實際上是不清楚的，這樣對方就會以自己的心理模式進行理解，導致兩個人的資訊不一致。貝克應盡量具體地表達出自己的要求，這是達成他的期望，避免雙方產生語言衝突的基本原則。

值得提醒的是，為了搞清楚對方是否完全明白了自己的話，你需要確認他是否理解你了，同樣的原則反過來也適用。你對於別人說的話的理解，也許和他想說的實際上並不相同。這句話被證明非常有效，而且說了也不會有甚麼損失：「在你更進一步之前，讓我先確認我是否理解了……」尤其是在會議的間隙，反覆詢問這個問題，就會發現對於之前說的話有很多不同的理解。在對話的過程中，確認理解度是一個基礎而良好的行為。

# 14 用對比來說明，
## 讓對方更易懂

有的時候，一味地解釋反而會讓人感到困惑，而
運用對比來說明，會在潛移默化中巧妙地表達你
的觀點。

利用對比來說明，是挽救對話危機的一種有效方法。無論
是語言表達還是書面表達，對比都是展示不同的最好方法，
在解釋比較複雜的概念或解決棘手的溝通問題時，通過對
比會使對方更容易理解。

有人問大哲學家亞里士多德：「你和平庸的人有甚麼不同
的地方嗎？」亞里斯多德解釋說：「他們活着就是為了吃
飯，而我吃飯是為了活着。」

亞里士多德的話就是運用了對比，以諷刺的口吻強調了自
己與平庸者之間的不同。假如亞里士多德只說「我吃飯是
為了活着」，就達不到那樣的語言效果。那麼，用對比來
表達時，需要注意哪些方面呢？

## 1 明確對比點

明確對比點，可以保證對比的合理性。通常明確對比點包括兩方面含義：第一，對比的雙方要屬於同一範疇；第二，對比的雙方要表現出相反或相對的性質。比如：

客戶說：「你的這套化妝品五百多元，也太貴了吧！」

推銷員說：「這還貴？一輛寶馬汽車還一百多萬呢。」

## 2 把熟悉的東西作為對比對象

是與非、貴與便宜、大與小，這些概念都是相對的，單說一個東西很大，很難給人真實準確的形象。但你如果把大家熟悉的東西作為對比物件，那就能很好地說明問題了。

## 3 對比後要進行分析

對比是基礎，分析才是關鍵。因此，對比後做出鮮明的分析和評價，並得出你的結論是很重要的步驟。

有人向德國著名畫家門采爾（Adolph Menzel）訴苦：「我一天畫一幅畫，但是賣掉它卻要等一年。」門采爾認真地說道：「如果你一幅畫畫上一年，我保證你一天就能賣出去。」說完，他接著又解釋道，要想出精品，就得花工夫去練習，要用心對待每一幅作品，絕不能只追求作品數量，而不追求作品品質。

門采爾在表達中使用了一個強烈的對比，並且在對比後又進行了解釋，很清楚地說明了兩者的利害。

## 15 鍛煉好聲音，表達更清晰

> 要做到清晰流利地表達自己的觀點和思想，就要留心自己說話的聲音，使說出的話如同音樂一般動聽，應快時要快，應高昂時要高昂，應慢時要慢，應低沉時要低沉。

約翰．R. 斯托克説：「你就像一把樂器。你『演奏』或傳達資訊的方式，以及你的話音特點，會大大影響你的表達。話語的聲音特點影響了三分之一以上的資訊傳達。」

彼得．邁爾斯教授説：「在發言開始的時候，你的聲音、你的眼神、你的面部表情以及你的音調都要勝過你的內容，因為在開始時聽者就會做出是否要聽下去的決定。我們提倡將二者相結合（思想和聲音）。」

聲音有三要素，包括聲音的語速、語氣和音量：

### 1 語速

顧名思義，語速是説話的速度。大多數人的語速是 150~200 字 / 分鐘，而大腦處理或聽取話語的速度是 600~800

字／分鐘。說話的速度可以很快，但對於關鍵的話，是不宜說得那麼快的。

當人們說一些讓人覺得不想聽的話時，比如對績效低的回應，人們常會盡快說完。如果雙方的對話很重要，你就要減慢說話的速度，以便讓對方聽清楚自己的意思，還可以使你給人以慎重的印象。

## 2 語氣

語氣代表了我們心中充滿的情緒，會在話語和想法的表達過程中體現出來。人們會根據一個人的語氣來判斷他是自信還是緊張，活力充沛還是灰心喪氣，堅強還是脆弱，當機立斷還是猶豫不定，大膽還是羞怯。毫無疑問，如果你的角色和語氣存在某種衝突，人們都會相信你的聲音所傳遞出來的資訊，而幾乎忽略話語中的內容。

比如，一位女士來向你問路，問你會議中心在哪裏。你抓狂了：「女士，你現在正站在會議中心的正前方！」如果用這樣的語氣，她在心中聽見的是你並沒有說的這句話：「你這笨蛋！」如此一來，她可能會忍氣吞聲地離開，或對你不依不饒，找你的麻煩。

語氣能有這麼強大的力量，是因為它傳達了我們對待別人的真實態度。因此，保證語氣不出賣自己的辦法是確保你所使用的語氣和正在扮演的角色和諧一致。

## 3 音量

對比下面兩種表達方式,哪種表達效果會更好呢?

---

「聽着!我已經盡我所能了,你平靜一下,好嗎?」

「聽我說,一切都會好起來的。」

---

這兩種表達方式所達到的效果大相徑庭。第二個表達效果好,第一個會起到相反的作用。因為表達時音量愈大,表現的情緒就愈強烈。表現的情緒愈強烈,被對方理解的意思就會愈少,所接受的程度也就愈低。因此,柔化聲音將有利於吸引對方的注意和強調部分詞語或想法。

當然,你的聲音需要打造和鍛煉。當你鍛煉了你的聲音來表達時,別人就能更容易理解你所表達的內容了。你可以在空餘時間有意識地鍛煉自己的聲音,讓其在具體的環境中聽起來更加真實。

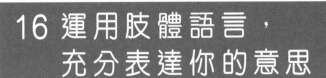

# 16 運用肢體語言，充分表達你的意思

語言由兩種形式構成，一種是有聲語言，一種是肢體語言。在你的表達中有 55% 的資訊是通過肢體語言表達出來的，因此，學會運用它將有利於更清楚地進行表達。假如你的肢體語言與你表達的資訊不一致，對方將會不相信你說的話。

美國著名的心理學教授艾伯特·麥拉賓（Albert Mehrabian）在 1971 年提出了一個溝通法則：在溝通過程中，人們通過三種方式來體現他們的看法。其中 93% 的溝通是通過非語言行為和語氣進行的（55% 體現在肢體語言中，38% 體現在語氣中），7% 是通過話語措辭進行的。這就是著名的「93/7 法則」。

人類的動作、表情是本能產生的，每個人平時說話都會不自覺地做出某些表情或動作，這更易於溝通的順利進行。因此，在表達的過程中，你必須給這種無聲的肢體語言以應有的關注。如果能恰到好處地運用肢體語言，就能使你的表達更具有感情、更完整。

清楚表達，誰也不願聽模棱兩可的話

肢體語言是一種奇妙的表達方式，任何一個身體部位、任何一個細小的動作，都能表達出某種令人意想不到的意思。下面我們來看看各種具體的肢體語言所傳達的意思，以便你能更好地運用它，為自己的表達加分。

## 1 眼神接觸

一般來説，你與對方有眼神接觸，意味着你比較坦誠，對對方所説的話感興趣。説話時不看着對方通常會被對方視為對他不尊重。

## 2 手勢

### 托盤式手勢

雙肘支撐在桌面上，兩隻手搭在一起，把下巴放在手上做出托盤的姿勢，這表明你對對方的話感興趣。

### 平攤雙手

當人們説心裏話時，會有意識或無意識地平攤開雙手給對方看，這個動作使人覺得説話者要講真話。

### 有力的握手表示堅定和有信心

手心垂直相握可以建立起自覺的信任，而手心互不相碰、只有手指相互鉤住的無力握手通常表明虛弱、無興趣或不信任。

## 3 點頭

點頭指快速地向前低頭，是同意、致意或命令等的表示。在一般的場合中，點頭表示肯定和讚賞，還可以表示同意、鼓勵等。通常，每次做這個動作時以三次為宜。

## 4 姿勢

姿勢是指一個人的體態。姿勢可以暗示喜歡或不喜歡。靠近通常表示對別人所說的話感興趣，拉遠距離通常意味着你對別人所說的話不感興趣。

## 5 嘴型

嘴唇有各種不同形態的呈現方式。不同的嘴型和動作，往往能夠反映不同的心理狀態和情緒。比如，不經意的噘嘴通常表示生氣或不滿意、故意為之的噘嘴則表現出可愛、嘴巴抿成一條縫的人一般意志堅定、嘴角上揚的人往往心胸寬廣。

## 6 雙手按住膝蓋

雙手按住膝蓋這一動作，說明的是起身的意圖，正準備離開。與人交談的時候，如果你想抽身離開，可以做出類似「起跑姿勢」。這比直接說「我不想聽你說話了」要好很多。

清楚表達，誰也不願聽模棱兩可的話

# 17 善用數據，更好地展現你的邏輯想法

> 表達的目的是展示你的想法，並讓別人認識到你的想法是令人信服的、可靠的、有確實根據的。事實往往勝於雄辯，資料是最有力的事實。

資料是可以量化和長久保存的，並且資料往往具有不容置疑的力量。在表達觀點的時候，誰掌握具體確鑿的資料，誰就更接近真理。利用資料會使你的表達更具有滲透力，別人對你傳達的資訊也更感興趣。數字簡單明瞭，能夠讓人對複雜的事物很快有一個直觀的認識；另外，數據具有科學的嚴謹性，所以對方聽到數據，並不會深究和懷疑它。尤其是當數據被用來做對比時，其產生的清晰對比度和震撼力更是無可比擬的。

資料的精確性不可或缺。正如一家企業的員工手冊裏所説的：如果能用帶有兩位小數的數字説明問題，那就盡可能不要用整數；如果能用精確的數字説明問題，那最好不要用一個模模糊糊的約數來應付別人。否則別人會感覺你説話的時候支支吾吾、含糊不清，從而心生疑慮。

另外，使用資料也是需要技巧的。如果使用不當，同樣會造成極為不利的後果。具體需要注意以下幾個方面：

## 1 資料要真實和準確

如果表達者所使用的資料不夠真實和準確，那資料也就失去了它原本的意義。對方一旦發現你所列的資料有錯誤，那對方就會認為你是在欺騙他。此外，資料是不斷變化的，你要根據資料的變化而不斷更新。

## 2 資料具代表性

所使用的資料最好與一些具有較大影響力的人或事件相關。

## 3 恰當地使用資料

恰當地使用資料可以很好地說明你所表達的觀點，而濫用資料則容易產生相反的效果。因此，使用資料一定要適可而止。

▶▶ ▶ **延伸閱讀**

# 吐字清晰、發音準確

清楚表達就是要發音準確、吐字清晰。只有發音準確無誤、吐字清晰，才能字正腔圓。那麼，怎樣才能做到發音準確、吐字清晰呢？

每個字都是由一個音節組成的，而一個音節又可以分成字頭、字腹、字尾三部分。

字頭：有一句話叫「咬字千斤重，聽者自動容」，因此你在發音時，一定要咬住字頭，這時嘴唇一定要有力，發音的力量放在字頭上，利用字頭帶響字腹與字尾。

字腹：字腹的發音要充實、飽滿，口型要正確。發出來的聲音應是立着的，而不是橫着的；應是圓的，而不是扁的。假如你處理不好，就容易使發出的音聽着塌、扁、不圓潤。

字尾：字尾主要是歸音。歸音要到位、完整，也就是不要發半截子音，當然也不能把字尾音拖得過長。

可用以下幾種方法訓練吐字和發音：

# 1 速讀法

速讀法是一種通過鍛煉使語音準確、吐字清晰的有效方法，這是因為快速讀能練習咬字清晰度、發音準確度，而且關鍵是能練習思維的敏捷度和反應的快速度。

速讀法的優點是不受時間、地點的約束，無論何時、何地，只要手頭有一篇文章就可以練習，而且還不受人數的限制，不需要別人的配合，一個人就可以獨立完成。當然，你也可以找熟悉的人聽你的速讀練習，讓他幫助你挑出速讀中出現的錯誤。比如：哪個字發音不夠準確、哪個地方吐字還不清晰等等。這樣更有利於你有目的地進行糾正、學習。你還可以把你的速讀錄下來，然後自己聽一聽，從中找出不足，進行改進。如果有專業人士指導，效果就更好了。

# 2 正音練習

正音練習就是根據讀音標準，校正自己的地方音和習慣音。正音練習包括很多內容，主要包括：平舌音和翹舌音練習、鼻音和邊音練習、送氣音和不送氣音練習、前鼻音和後鼻音練習等。

## 3 發音練習

發音練習，即口型和發音器官操作到位的練習。韻母在形成口型時作用最大，說話中的每一個音節都離不開韻母。在說話時，有的人為了省事，嘴巴沒張到應有的程度，或齒、舌、鼻、喉、聲帶等部分不夠協調，於是就發生「吃字」、「隱字」、「丟音」或含混不清、音量過小、吐字不準等現象。發音不到位便會造成歧義、誤解，不能準確地表情達意。

## 4 急口令練習

選擇一些急口令，由慢到快反覆練習。

## 5 讀句訓練

讀句訓練，就是選擇一些有一定難度的語句、段落，進行快讀訓練。要求做到把音讀準，不增減字、詞，不重不斷，停頓自然，有節奏，連貫流暢。目的是使說話時能表達清晰，出口成章，不拖泥帶水，逐漸減少習慣性的口頭語，直至完全消除。

# 第四章

## 三點式結構，糾正雜亂無章的表達

有的人雖然健談，但說話總說不到重點上，經常給人一種不知所云的感覺。這會容易讓對方中止談話，不再願意和你溝通下去。

一個清晰的表達結構整理了雜亂無章的資訊並輸出，聽眾就會很容易理解你要表達甚麼。這個表達結構就是「三點式結構」，它能讓你的遣詞造句更加條理分明、邏輯嚴謹，讓對方一聽就懂。即使你有很多點要表達，也要總結出最重要的三個點。

# 18 跳躍式思維，讓對方聽不明白你的意思

跳躍式思維是一種雜亂的思維方式。你說話時常出現語言不連貫的現象，別人聽後會覺得「你說話沒有條理性」，那麼他自然也聽不明白你的意思了。

有跳躍式思維的人雖然在想的時候很有條理，但如果表達不連貫，也會被人認為「說話沒有邏輯」。也就是說，如果說話時沒有一定的邏輯，那麼別人就會認為你說話「沒有條理」。

邏輯性語言有三個重點：結論、理由、結論和理由相聯繫。因此，要避免下面幾種常犯的跳躍性思維表達。

## 1 只有結論的表達

根據以往的經驗得出一個結論時，你如果不對其進行說明，那麼對方就很難認同。比如：

不要說「以我多年的經驗來看，明天很可能會下雨。」

試着說「以我多年的經驗來看，明天很可能會下雨。因為……」

又如，在工作中也有很多種說結論的表達：

問：「這個工作你能幫我一下嗎？」

不要說答1：「抱歉，我沒法幫你。」

試着說答2：「抱歉，我沒法幫你，主要是因為有個緊急貨物必須馬上送到客戶那裏。」

## 2 沒有結論的表達

在工作中，有不少員工向主管報告時，只說情況沒有說結論。員工沒有整理好自己的思緒，把現狀原原本本地告訴主管，下意識地想要主管給出判斷或結論。比如：

不要說「我們的合作方提出要求，想要變更簽合約的時間。」

這時，主管會猜測「他想要我告訴他我的時間安排吧」。當然，這種猜測還不會產生太大的誤會。下面的表達就讓人難以理解了：

「經理，工廠打來電話說原本明天要送到客戶那裏的書來不及出貨了。」

這時，主管可能不知道你想表達甚麼。從上面的表達猜測，結論可能是「經理，你能和我一起去客戶那裏道歉嗎」，或「經理，麻煩你去工廠交涉一下」，或「我馬上去客戶那裏道歉」，或「我現在馬上去工廠進行交涉」。不說結論而讓對方去思考，說話的人比較輕鬆，但是對方的理解並不一定如你所願。

## 3 理由和結論沒有聯繫的表達

先來看一組句子：

「主管已經知道這件事情了。」（理由）
「請提前告訴主管這件事情。」（結論）

很顯然，理由和結論之間沒有聯繫。而在下面的這組表達中，兩句之間就聯繫起來了：

「主管已經知道這件事情了。」（理由）
「可以不用告訴主管這件事情了。」（結論）

為了讓結論和理由很好地聯繫起來，說話時意思一定要表達清楚，不讓對方感到困惑。連接理由和結論的方法有一定的規律。通常，當你闡述內容的時候，如果能有意識地用到「因為……所以」這樣的連詞，就能輕而易舉地進行邏輯性說明。

# 19 向對方預告要點，
# 三點就足夠

> 預告即將要表達的要點，三點就足夠了，這樣做
> 可以讓對方第一時間明白你表達的重點，也可以
> 給自己一個清晰的表達方向。

人的記憶力是有限的。如果把一堆資訊無序地表達出來，人們的大腦就會一片混亂，不能記下來；如果將語言進行整理，即使有很多內容，也會使人在理解的基礎上記憶。

心理學家喬治‧米勒（George Miller）於 1956 年發表的一篇文章中指出，人類大腦一次性無法同時記住七個以上的項目，三個是最合適的。彼得‧邁爾斯教授也指出：「我們要求你嚴格將中間部分的講話歸納為三個要點，即使你確定至少有十七個要點需要闡述也是如此。為甚麼是三個呢？三是個廣泛使用的數位。坦率地説，人們想要處理的事情是三類，容易學習和記住的事情也是三類。」

這就是為甚麼當人們面對雜亂無章的一堆資訊時，容易感到困惑，而將它們進行歸類分組後，人們就能輕輕鬆鬆地記住了。比如：

表達一：「我要説的有三點，第一點是⋯⋯此外，還有⋯⋯這是我説的第二點。除此之外，我要説的第三點是⋯⋯」

表達二：「我要説的有三點，第一點是⋯⋯第二點是⋯⋯第三點是⋯⋯」

向對方預告的三要點，可以分為兩種不同的情況：一種是平行結構，另一種是遞進結構：

## 1 平行結構

三個要點之間是平行關係。比如：「接下來，我會從三個方面總結一下今年的情況。第一是銷售方面，第二是業務方面，第三是公司團隊建設方面。」

## 2 遞進結構

三個要點之間是遞進關係。比如：「整理課堂筆記的重要性有三點。第一點可以有效調動你在課堂上的注意力，第二點可以幫助你掌握老師當時講的知識點，第三點是在此基礎上可以於課後加深印象。」

在説話之前，你心裏要對即將説出的內容進行一個全盤的規劃。確定自己説話的目的、想要表達的結論、希望達到怎樣的效果，在整體把握後組織語言和明確三個要點，這樣就可以讓你的表達變得更加清晰而有邏輯，也讓對方更加放心地投入談話中。

## 20 從三個角度列案例，
## 讓對方有章可循

表達時，要將難懂的事情用簡單的語言說出來，
常常需要舉例。通常，在表達一個觀點時，使用
恰當的例子會使你的表達更加生動易懂，也更加
能夠佐證你所說的觀點。

只講道理而不舉例子，這樣表達水準是不會高的。不舉例
子會讓你的表達顯得單薄，有事實依據才更能影響別人。

第二次世界大戰期間，為了趕在德國之前製造出原子彈，
美國總統羅斯福的私人顧問薩克斯受愛因斯坦等人的委
託，帶着愛因斯坦的信件去勸說羅斯福下令研究原子彈，
但羅斯福表現得十分冷淡。薩克斯看了一眼總統，笑着說：
「那麼我就談一點歷史吧。拿破崙當年橫掃歐洲大陸，卻
唯獨在英國人那裏吃了虧，您知道是為甚麼嗎？」

羅斯福饒有興致地看着他，示意他繼續說下去。薩克斯於
是說道：「英法戰爭期間，拿破崙在海上屢戰屢敗。這時
富爾頓建議拿破崙將法國戰艦的桅杆砍斷，撤去風帆，把
木板換成鋼板，再裝上蒸汽機，以此提高海軍的戰鬥力，
但拿破崙並不同意。後來歷史學家認為拿破崙沒有採納富

爾頓的建議，英國才倖免於難。」

說到這裏羅斯福的神色開始凝重起來。薩克斯趁熱打鐵，說道：「如果當時拿破崙接受了富爾頓的建議，也許十九世紀歐洲的歷史就要重寫了。」聽完後，羅斯福沉思了幾分鐘，最後說道：「你勝利了，我絕不做第二個拿破崙。」

說服總統同意研究原子彈是一件很難的事情。開始時，薩克斯只陳述了其利害，並沒有打動總統。而當總統聽了薩克斯列舉的案例時，他終於同意了研究原子彈。這就是列舉案例進行表達的重要意義。

當然，你在列舉案例時也沒有必要次次都引經據典，自己的親身經歷、美好回憶等都屬於舉例的材料。那麼，怎樣舉例才能令表達效果更好呢？

你可以從不同角度，嘗試列舉三類案例：相同點、不同點和對立點。相同點的多少決定了對方對你言論的接受程度，不同點是讓對方清楚地看到不同案例之間的差異，對立點是案例與你講述的內容截然相反。另外，選擇這三類案例時要注意以下幾點：

（1）案例要與所說明的問題主題一致，不能似是而非，更不能張冠李戴，否則就起不到說明的作用。（2）案例要盡量典型、有影響力和代表性，以增強邏輯表達的效果。（3）案例要通俗易懂、深入淺出，讓人感覺有可信度。

## 21 「發現」的三要點，刺激聽眾發現演講要點

在演講的場合，其主體部分需要你提供聽眾想要知道的知識，而不需要你的陳舊資料，或你想說的任何事情。我們稱演講的主體部分為「發現」。

我們之所以稱演講的主體部分為「發現」，是因為你將要說出自己的見解以刺激聽眾主動發現些甚麼，而不是強制性地將資訊灌輸到他們的大腦中。發現可能很簡單，比如，一些人終於弄明白了一個一直令他們困惑的問題。

彼得·邁爾斯教授說道：「無論你要說甚麼，無論你說的內容多麼複雜，都要創造三要點。人們在短短十五分鐘的談話裏，不可能弄清楚有七個或十二個要點的演講結構。」因此，我們將發現部分濃縮為發現的三要點。然後，你可以將所有的內容，如數據、資訊、故事、統計結果、引言、圖示等都放到這三個要點中。這樣三要點就為你的演講內容提供了一種結構體系。

一次產品推銷會上，一位產品推銷人員介紹自己的產品：大家好！首先，我要感謝一下主辦方，讓我有展示公司產品的機會。其次，要感謝現場的觀眾，是你們的熱情讓我

有信心站在這個舞台上和大家分享。我們公司生產的手機之所以一直受到廣大用戶的青睞，是因為產品品質有保障、服務最到位、價格最優惠，下面我為大家詳細解釋一下。

第一，品質有保障。我們採用的是德國進口的精密儀器、上好的製作材料，並採用科學化的管理體系，嚴格按照品質管制體系標準執行，堅實耐用是我們手機的一大特點。

第二，服務最到位。很多消費者怕購買了產品後售後服務不到位，這一點大家完全不用擔心，因為我們的售後點遍佈全國。

第三，價格最優惠。「好用又不貴」是我們做手機產品的重要理念之一。雖然我們的產品品質和服務都是一流的，但是我們的價格不是最貴。我們始終堅信只有質優價廉的產品才是客戶最需要的產品。

上述案例中，在產品推銷會上，在場的聽眾可能想知道產品的品質、服務和價格。而這位推銷人員恰恰就是從這三點出發，抓住了聽眾的內心這三點。記住，無論你需要介紹多少內容，主要點都不要超過三個，然後在這三點中填充你的案例及其他說明。這樣演講的主題才更能讓聽眾聽得明白，理解得更透徹。

## ▶▶ ▶▶ 延伸閱讀

## 遇事不慌，
## 條理更清晰

愈是在危急時刻愈要冷靜沉着，說話的時候愈要理清思路，組織好語言，用有邏輯、有條理的表達方式去表達自己的想法和意見，千萬不要失了主張和方寸。

晉文公是春秋時期晉國的第二十二任君主，他文治武功卓著，與齊桓公並稱「齊桓晉文」。

晉文公非常喜歡吃烤肉。一天，御廚給晉文公精心製作了一盤烤肉，晉文公正準備大快朵頤時，卻發現烤肉上竟然有一根長頭髮。他非常惱火，於是命人將做烤肉的御廚綁了過來，要治他的大不敬之罪。

御廚並沒有為自己喊冤，而是跪下來，鎮定地對晉文公說：「如果大王要治我的大不敬之罪，那麼也請一併治我另外三條大罪吧！」

「你還犯了哪三條大罪？」晉文公聽後一愣。

御廚不緊不慢地說：「第一條大罪，我把切肉的刀磨得鋒利無比，卻沒能切斷這根頭髮；第二條大罪，我把肉丁一個個串到竹簽上，卻沒有發現肉上有這根頭髮；第三條大罪，我把爐火燒得無比旺盛，卻沒能燒斷這根頭髮。這三條罪狀足以讓大王治我的罪！正是因為我的這三點疏忽，才讓烤肉上有頭髮，令大王受到了侮辱，所以我犯的罪過是不可饒恕的。」晉文公聽後，氣已消了一大半。冷靜地想了幾分鐘後，晉文公隨即清醒了過來：「你的意思是，有人故意栽贓你？」

後來經過嚴查，終於找到了陷害御廚的真兇：原來有一個廚師非常嫉妒御廚，想頂替他的位置，就想出這個辦法陷害他。這個廚師在晉文公面前嚇得手腳發抖，立刻承認了自己的罪狀。最後，晉文公不但沒有怪罪御廚，還下令嘉獎了他。

在危急關頭，御廚的冷靜機智救了他一命，而他在危急關頭清晰的邏輯和有條理的語言表達更讓晉文公欣賞和佩服。假如御廚一聽晉文公要治他的罪就大喊「冤枉」，盛怒之下的晉文公或許不但不聽他的辯解，還會認為他在狡辯而更加憤怒。

因此，愈是在混亂的情景下，愈要鎮靜，穩定情緒，採取並列式或遞進式的方式羅列觀點，讓說出的話更有條理、有邏輯。

約翰·R.斯托克説：「消極的想法會造成消極的情緒。當我們的心中充滿消極情緒的時候，它們就會溢出來牽連別人。然後，這些消極情緒最終會將別人推離我們，或使別人產生同樣強烈的情緒。此時，我們面臨的挑戰就變成了，在試圖開展對話之前，我們如何擺脱情緒化的能量。」

因此，這就要求你學會控制自己的情緒，試着讓自己的心情平靜下來，這樣才能從容鎮定地組織語言、表達思想。

# 第五章

## 主次分明，對方更能理解你的邏輯重點

劉墉說：「說話，最大的藝術就在同一句話你怎麼說，哪件事先說，哪件事後說。尤其重要的是，你要知道如何說重點。」這反映在邏輯表達中，就是要求說話要有主次。如果說話的時候不能準確地把握其中的邏輯順序，就會讓事情越來越複雜；反之，則能讓複雜的事情在瞬間明朗起來。

## 22 表達沒重點，沒人會欣賞你

假如你說的話是一些不着邊際、沒有重點的冗詞贅句，那就連一句有根有據的話都抵不上，雙方的溝通也不會高效。

人們總是希望把自己知道的一切都告訴對方，因此經常沒說清楚重點，令對方聽不明白重點在哪裏，最後可能會勉強聽下去或直接岔開話題。

我們知道動物在脊椎受到重傷的時候，其神經中樞與身體的其他部位的資訊傳輸就會被阻礙，對於動物來說這是致命的打擊。所以我們常常用「打蛇打七寸」來比喻表達要說重點。掌握核心並分清主次，不僅能使對方容易理解，還能增強溝通的有效性。

你說話的重點就是你要傳達的資訊，將其用容易記住的一個短語或句子表達出來，這不是簡化你的談話，而是將你的想法進行提煉和說明，使之成為一個簡單的關鍵要點。不求悅耳動聽，只要清晰即可。你要運用最直接、最強而有力的語言去表達。比如：

「如果我們要抓住這次機會，必須在接下來的 30 天內不斷跟進。」

「我們要負全責。」

「我們需要對預算支出進行更嚴格的控制。」

開口之前養成提煉要點的習慣，這是很好的練習方式。在很多情況下，人們會問：「你的表達要點是甚麼？」、「你想說的是甚麼？」如果你不能當場簡潔、清晰地回答這一問題，那麼，表達效果可能會因此打折扣。

主次分明，對方更能理解你的邏輯重點

# 23 解釋一個提案，愈快愈好

你的主管很忙，假如你用十幾分鐘的時間去展示一個提案，在大多數情況下是不會通過的。你需要在最短時間內，用一句話講出提案的訴求，並講出最大的優點和缺點，這樣對方就會很快明白。同時，提案中要有引起對方興趣的一句話。

你聽過麥肯錫（McKinsey）的「30秒電梯演講」嗎？它來源於麥肯錫公司一次慘痛的教訓：該公司曾經為一家重要客戶做諮詢。諮詢結束時，麥肯錫的專案負責人在電梯間遇見了對方的董事長，該董事長問麥肯錫的專案負責人：「你能不能說一下現在的結果呢？」由於麥肯錫的專案負責人沒有準備，並且即使準備了，也很難在電梯從30層到1層的30秒內把結果說清楚。最終，麥肯錫失去了這一重要客戶。經過這次的經驗教訓，麥肯錫要求員工在最短的時間內把結果表達清楚。麥肯錫通過「30秒電梯演講」培養員工的表達能力，就是要員工掌握精準表達的技巧。

無論你在哪個行業，當你給主管提出一個方案時，都要在最短的時間內說出你最重要的那句話。但你需要掌握在短時間內引起對方興趣的技巧，這會大大提高你的成功概率。

那麼，具體需要掌握哪些技巧呢？

## 1 搞清楚對方的訴求

搞清楚對方的訴求是提案的前提。「訴求」與「主旨」、「綱要」、「主題」這些名詞的意義是不相同的。你的提案訴求可以用一句話來表示，但這句話需要注意兩點：一是要放入關鍵字，二是要用這一句話完全表達出自己想說的意思。另外，讓看到或聽到這句話的人動心也很重要。能一下想到符合上述條件的一句話並不容易，這需要你反覆思考、濃縮整理，因此你需要先在紙上多寫幾個備案。

## 2 清楚說明優點和缺點

解釋提案時要指出最大的優點和缺點。這裏的缺點也可以換成風險或成本。只要你告訴對方你已經確實考慮過這些缺點，自然能縮短討論時間。但是，同時介紹優點和缺點並不是最好的方法。因為問題不在於數量，而在於你的條理性。你可以把最大的優點和最大的缺點放在一起說，然後再追加說明：「這個最大缺點，只要這樣處理就很不錯。」

最後，千萬不要去解釋一個不知道缺點的提案，因為嚴格地說，一個提案幾乎不可能「只好不壞」。

## 24 提問抓關鍵，
## 讓問題更有價值

提問是最重要的溝通方式之一，尤其是當你困惑的時候，更該通過提問來尋找答案。假如你提問無效或抓不到關鍵，雙方的溝通就很難進行下去。

著名物理學家愛因斯坦曾說：「提出一個問題比解決一個問題更重要。」但是提出一個好問題並不容易，在實際生活中，我們經常聽到一些提問受挫的人的埋怨：「對方也太難溝通了，問三句答一句。」其實，這些人只是在為自己找藉口罷了，他們通常會把責任歸咎於他人，自己則不能清楚地認識到問題的關鍵所在，進而提出的問題也是模模糊糊的，獲得的回答當然也是模糊回答。如何抓住提問的關鍵呢？看看下面的案例：

一位遊戲軟體推銷員去推銷遊戲軟體，待對方一開門，他就說道：「您好，這是我們公司最新的遊戲軟體，裏面集合了經典遊戲和當下最流行的遊戲，您需要看一下嗎？」客戶說：「我都多大的人了，還要玩甚麼遊戲，不看不看。」這位推銷員碰了一鼻子灰，回去了。

過了幾天，又有一個遊戲軟體推銷員去推銷遊戲軟體：「您

好，這是……」還沒等到他說完，客戶就打斷了他的話：「不需要，我這個年紀不玩遊戲，你請走吧。」這位推銷員聽後並沒有走，而是問了句：「您的孩子現在上幼稚園吧？幼稚園階段正是開發孩子智力的重要時期，這些遊戲能鍛煉您孩子的思維能力。」說着推銷員給客戶演示了起來。

客戶看完後，有一點心動了，不過還是有點猶豫。推銷員接着說：「現在是互聯網時代，孩子學習也不能僅僅限於書本上的知識，而是要與時俱進，您認為呢？」客戶聽完後點了點頭，最後買下了這款遊戲軟件。

第一位推銷員大肆推介自己的遊戲軟體，並沒有找到問題的關鍵所在，因此推銷沒有成功；而第二位推銷員則找到了問題的關鍵所在，比如遊戲可以開發孩子智力，教育孩子不能局限於書本上的知識等，最後交易成功。

因此，要想抓住問題的關鍵，就是把提問的目標和對方的需求聯繫起來。在提問時，你要善於尋找對方的需求，並根據其需求來提問，這樣才能提問到重點上。那麼，提問時如何才能找到對方的需求呢？

第一，提問前要注意對方回答的關鍵字，前提是善於傾聽。第二，當你無法找出對方回答的關鍵時，可以有禮貌地使用反問，讓對方提供進一步的資訊。第三，有時，對方的回答很難讓人明白，甚至他都不知道自己在說甚麼，這時可以問對方「為甚麼」。

## 25 善用金字塔原理，
## 批評不必重錘敲

在對話中批評屬於尖銳的行為，會引發對方的負面情緒，使對話氣氛變得緊張。那麼，怎樣批評才能獲得良好的效果呢？

你是否有過這種體驗：你的同事或朋友喊了你的名字，接着便是一頓批評，而你聽完之後卻一頭霧水，完全不知道對方在說甚麼。假如你是脾氣好的人，你可能會一點一點耐心地幫對方梳理清楚，弄明白他在說甚麼；假如你的脾氣有些不好，你可能會生氣地說一句：「你到底想說甚麼？能不能說重點？」那麼，如果你是那位同事或朋友，如何才能避免上述的不當表達呢？

你可以先談結果，再談原因。這就是金字塔原理所注重的，它是有層次性、結構化的思考。我們可以借鑑金字塔原理來表達你想說的話，尤其在批評的過程中，更要注重語言組織的層次性和結構化。

先談結果的好處是，開門見山，簡明扼要，節省時間和資源。結果的好與壞，都能讓對方心中有數，知道事情發展

的方向。再談原因，就可以做出詳細的分析，講究邏輯性、推理性，讓對方逐步明白是甚麼原因導致了開頭所說的結果。假如是錯誤的結果，那麼怎樣避免再次發生，或這些原因可以讓對方心服口服。

某家公司新招聘了一名據說能力很強的經理。剛開始大家都比較緊張，沒有人敢遲到或早退，也沒人敢偷懶，因為新官上任三把火，每個人都生怕遭到嚴厲的批評。

一個月過去了，大家通過對新經理的觀察，看到他並不像同事們心中想的那樣嚴厲。他對人十分和氣，脾氣也很好，也很少開會。慢慢地大家放下了戒備心理，恢復了以前鬆散的工作狀態：上班吃東西、聊天、工作不認真等。

經理在第一個季度結束的時候，開了一次全體會議。在會議上經理開門見山，對工作中違反公司規定和不認真完成工作任務的員工進行了點名批評，並扣罰了季度獎金。這一舉動讓這些員工啞口無言。自此以後，被批評過的員工都自覺地改正了自己的不足，工作時也變得踏踏實實了。

上面案例中的經理運用了金字塔原理，經過一段時期的觀察，先說結果，再說大家挨批的原因，讓大家自覺地改正自己工作中的不足。假如經理在一開始就嚴厲地批評下屬，其批評效果就比較差了，也不容易樹立威信。

另外，在批評對方時，切忌情緒化，對對方大吼大叫或尖酸刻薄地進行諷刺。如果對方因你的批評而心情抑鬱，你必須立即改變自己的做法。

對此，約瑟夫·格雷尼（Joseph Grenny）指出：「記住，對問題本身愈關注，你就愈難以做出正確的行為表現。你應當表現出寬容、開放的心態，假定對方的觀點也有價值，才能有效地解決問題……放棄你的強硬立場和絕對化表達，但不要放棄你的觀點。你當然可以擁有堅定的信念，只要調整好表達策略就好。」

## 26 說話要有主次，
## 　　表達講究順序

在表達過程中，要想讓對方理解你的意思，就應明白先說甚麼，後說甚麼。這反映在邏輯表達中，就是要求說話有主次。

從美學上來講，有次序的事物更加具有美感，語言表達也是如此。有序、有節、邏輯分明、條理清楚的表達更容易令聽者產生心理上的愉悅感，更具有美感，從而更容易使對方接受自己表達的內容、傳遞的信息。

但我們平時說話很少注意到說話的順序，其實說話的順序不同，其所表達的意思也大相徑庭，甚至截然相反。一件事情或一些話能否清晰地被表達，搞清楚先說甚麼、後說甚麼很重要。如果不注意說話的主次，就很容易產生一些誤會。

一天，小童的媽媽正在家裏做飯，這時電話響了，電話裏傳來一個聲音：「您好，請問您是小童的媽媽吧？」「嗯，請問……」小童媽媽有點擔心自己的孩子了。「我是小童的班主任，今天我們學校組織出遊，在過一個十字路口的時候小童……」電話裏的聲音這樣說道。這時小童的媽媽

以為小童出了甚麼事，馬上掛了電話趕到了學校，一到學校才知道這原來是一場誤會。原來，小童在過馬路的時候撿到了一個錢包，並把錢包還給了失主，剛才班主任打電話是想告訴小童媽媽這個消息的。

在上面的案例中，老師的表述方式不免讓小童的媽媽有些擔心。其實，老師應該把主要內容放在最開始的時候說，然後再詳細述說事情的經過。

表達是需要組織的，想要傳遞給聽者的中心思想會產生很多可以進行敘述的點。這些點對中心思想的支持力有大有小，需要逐個確定是否有必要敘述，其地位有輕有重，敘述上也需要有先有後。如此，這樣的語言才更有邏輯性。

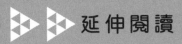

## 延伸閱讀

# 了解不同的互動風格

目的：了解不同風格的人喜歡怎樣溝通和互動。

説明：讀讀下面的內容，圈出你喜歡採取的溝通方式，或者你喜歡別人對你採取的溝通方式。

| 類型 | 溝通特點 |
|------|---------|
| 發起者 | ① 精確、簡練、直切正題的溝通方式<br>② 注重結果<br>③ 別人向我提供解決方案和可選的行動方案<br>④ 保持專業性，從來不帶個人色彩<br>⑤ 避免分心，專注於任務<br>⑥ 收到支援某個解決方案的事實性資訊<br>⑦ 讓人們確切地了解他們需要做甚麼 |
| 建立者 | ① 在取得支持性細節前，先了解整個大局<br>② 我的優點和成功之處得到認可<br>③ 熱情和樂觀地表達我的願景、目標或想法<br>④ 花時間表示對別人的關心<br>⑤ 提供建議來改進專案、解決問題或調整人員<br>⑥ 別人詢問我對解決方案的想法<br>⑦ 讓別人按照我的方式思考問題 |

主次分明，對方更能理解你的邏輯重點

| 類型 | 溝通特點 |
|------|---------|
| 聯繫者 | ① 與他人或團隊相互合作、支持<br>② 在開始談論任務之前,與他人建立私人聯繫<br>③ 避免衝突和壓力<br>④ 受邀分享我的想法和意見<br>⑤ 給我時間做決定,而不是給我施壓<br>⑥ 通過實施詳細的任務步驟使風險最小化<br>⑦ 花時間了解改變的理由和好處 |
| 探索者 | ① 為一個問題提供可證實的、有形的或支持性的事實或證據<br>② 在我回答問題之前,給我時間進行思考<br>③ 在討論重點之前先聽一些支持性的事實<br>④ 不貿然做決定<br>⑤ 進行分析和邏輯推理<br>⑥ 始終關注切題的資訊,而不關心別人的意見或情緒<br>⑦ 提供有助於完成任務的清楚架構和參數 |

結果:將你在每個風格中圈出的條目總數記錄下來。哪個風格的條目數愈多,愈説明你是該類風格的溝通者。

# 第六章

## 全面思考，規避說話片面的表達方式

「以偏概全」是指以片面的觀點來看待整體問題，這是很多人在表達時常犯的一個錯誤。實際上，它是人們認知上的一種障礙，是不能看到事物或問題的多個方面導致的。在說話之前，大腦要經過嚴謹、全面、客觀的思考，從多個角度去觀察人和事，大膽假設，小心求證，這樣才有助於你形成比較準確的判斷，從而使你說話更全面，更有邏輯。

## 27 說話以偏概全，
## 都是片面狹隘的錯

當我們見到某些事物都具有某種特質後，我們通常會推論出所有這類事物都具備這類特質。這種錯誤推理就是「以偏概全」。

某心理學家曾在麻省理工學院做過一個實驗：實驗開始前，實驗者分別向兩班的學生介紹了他們的代課老師。在其中一個班中，實驗者拼命地誇讚老師，說這位老師的優點；而在另一個班中，實驗者拼命地批評老師，說這位老師的缺點。結果顯示：第一個班的學生對代課老師的評價非常好，覺得他親切友善；而第二個班的同學覺得代課老師不善言辭、為人冷漠。事實上，這兩班的代課老師是同一個人。

可見，「以偏概全」的謬誤在日常生活中是比較常見的。這種謬誤之所以很難被人察覺，是因為它的論證確實有證據支撐，但是證據不足。

比如，某大學一位教授曾提到了一個有趣的現象：低收入人群喜歡看韓劇，高收入人群喜歡看美劇。從邏輯的角度來看，這樣的結論使用的是不完全歸納推理中的統計歸納，

但是統計歸納需要足夠全面的樣本量，而這位教授的這篇論文僅僅調查了不到 400 名來自同一城市的市民，明顯樣本太少且過於集中，完全不足以說明問題。這犯了「以偏概全」的邏輯謬誤，得到的結論必然是不可靠的。

又如，有人看見汽車旅館生意很好就以為開汽車旅館會賺大錢，看到飯店的人氣很旺就以為開飯店生意一定會好，等到自己開了之後就會發現根本不是那麼回事。而且他發現：其實很多汽車旅館沒有甚麼生意，飯店也沒有那麼多客人。過去之所以沒發現，是因為這些冷清的店通常不會吸引自己的目光。

心理學中有一種現象，叫作暈輪效應。暈輪效應又稱「光環效應」，它本質上是一種以偏概全的認知上的偏誤，說的是在人際交往中，人身上表現出的某一方面的特徵掩蓋了其他特徵，從而造成人際認知的障礙。比如，有的老年人對青年人的個別缺點或衣着打扮、生活習慣看不順眼，就認為他們一定沒出息；有的人由於傾慕朋友的某一可愛之處，就會覺得他處處可愛。

既然「以偏概全」的謬誤在生活中這麼常見，那麼你在說話前一定要做出全面的思考。

## 28 兼聽則明，
## 忌憑一面之詞臆斷

只有聽取多方面的意見，全面了解情況，才能明辨是非，做出正確的判斷。只相信單方面的話，則很可能會犯片面性錯誤。

一個人如果能經常聽取別人的意見，會增長很多見識，讓自己少走很多彎路，從而贏得更多的時間去追求完美，更好地走向成功。

玄武門之變後，曾有人向秦王李世民告發說，一位名叫魏徵的人曾參加過李密和竇建德的起義軍，他們失敗後，魏徵到太子李建成手下做過事，還曾勸說太子李建成殺害李世民。李世民聽後，派人把魏徵找來。

見到魏徵，李世民扳起臉問他：「為甚麼你在我們兄弟中挑撥離間？」魏徵沒有感到害怕，他神態自若，不緊不慢地回答說：「可惜那時候太子沒按我說的做。不然，也不會發生接下來的事情。」

李世民聽後，認為魏徵很有膽識，説話直爽，不但沒有責怪他，反而把他留用下來。李世民繼位後，勵精圖治，為了富國強兵，採取了一系列的措施，其中之一就是廣開言路，鼓勵大臣們當面提出意見，並把敢於直言的魏徵提拔為諫議大夫。在李世民的鼓勵之下，大臣們也敢於説話了。特別是魏徵，有甚麼意見就在唐太宗面前直説。李世民也特別信任他，常常把他召進宮內，聽取他的意見。

西元 643 年，魏徵去世了。李世民非常難過，他流着眼淚説：「一個人用銅做鏡子，可以照見衣帽是不是穿戴得端正；用歷史做鏡子，可以看到國家興亡的原因；用人做鏡子，可以發現自己做得對不對。魏徵一死，我就少了一面好鏡子了。」

上面的歷史故事告誡人們廣泛地聽取多方面的意見，就能明白事情的真相，做出正確的判斷；否則，只聽信一方面的意見就會不了解真相，得出錯誤的結論。如果李世民沒有聽取魏徵的諫言，進行反省，怎麼可能實現「貞觀之治」呢？

因此，有時候，你應該放下自己的成見，多多聽取別人的意見，這樣才可避免發生片面性錯誤。

## 29 不要將主觀看法 當作客觀事實

表達時，很多人總是喜歡做出主觀評價，並將自己內心的想法當作客觀存在的事實。這樣說出來的話語，對方是不容易信服的。你需要在做出評價時說出理由。

我們先來了解一下主觀和客觀。通常語境中的主觀是指人的一種思考方式，與客觀相反。主觀是表面現象，憑藉自己的觀點，未經分析推算，做出結論、決策和行為反應，不與其他有不同看法的人仔細商討。客觀是不依賴人的意識而存在的一切事物。比如：小剛身高 1.8 米，這是客觀；小剛是高是矮，這是主觀。（在普通人看來是高，在姚明看來就是矮了。）

不要將主觀看法當作客觀事實。比如，桌子上有一部筆記型電腦，這就是客觀事實。這部電腦要麼放在桌子上，要麼沒放在桌子上。假如你說：「這部電腦很好看。」這樣的表達就糅合了主觀和客觀，主觀是你覺得這部電腦好看，而客觀是電腦本身好看。客觀部分是沒有爭議的，而主觀部分具有爭議性。

或許，有的人聽到這樣的表達，心裏會想：這部電腦到底哪裏好看呢？因此，要想讓你的表達聽起來有邏輯，你需要證明這部電腦甚麼方面好看。也就是說，你需要列出好看的理由。你可以這樣表達：「這台筆記本很好看，機身的顏色那麼艷麗。」再如：

---

問：修理這個東西200元足夠了吧？

答：不行，這些錢還不夠啊，還需要很多。

答：這些錢不夠，還需要加50元，因為要更換一個新的零件。

---

在上面的對話中，第一句回答是沒有邏輯的，他既沒有說具體需要多少錢，也沒說明為甚麼需要那麼多錢，所以完全行不通。第二句說話則具體說明了需要多少錢和原因。

## 30 從對方的角度思考，說話更穩妥

在邏輯學中，辯證矛盾是指在客觀現實中事物自身所包含的對立面的統一關係。我們既然承認了事物的兩面性，在表達時就應站在對方的角度說話，這樣的表達方式更容易讓人接受。

表達時，如果你以某種主觀、片面的方式說話，可能會導致溝通陷入糟糕的境地。瑞士心理學家卡爾·榮格（Carl Jung）曾說：「事物本身如何並不重要，重要的是如何看待它們。」學會站在別人的角度思考問題，這樣說話做事才能讓人感覺舒服、愉悅，並直指人心。

阿傑是銷售新手。有一次，他去一家公司推銷產品時，一看到該公司的項目負責人，就着急地向對方詳細介紹自己的產品。在介紹的過程中，阿傑一邊展示一邊介紹，因為他認為這樣對方會更容易接受。但是，對方臉上不悅的表情越來越明顯，最後乾脆說道：「不好意思，我還有其他事情。把你的產品先放這裏吧，有時間我們再仔細研究。」

阿傑失落地回到公司，並把這件事情告訴主管。主管笑着說：「或許你應該聽聽對方需要甚麼產品，然後再有針對

性地介紹。」阿傑終於明白自己該怎麼做了。

第二天，他再次找到那個項目負責人，這次他並沒有着急介紹自己的產品，而是問起了對方公司希望要甚麼產品。接着他針對性地向對方介紹自己的產品，令那個專案負責人很滿意。當天，對方公司就預訂了一批阿傑的產品。

在銷售過程中，僅從自己的角度向客戶介紹產品，是不能打動對方的。只有從對方的角度思考對方到底想要甚麼產品，然後有針對性地説話，才能達到你想要的目的。

又如，在公共場合貼「禁止吸煙，違者罰款 1,500 元」、「禁止踩踏草坪，違者罰款」等標語，可是似乎這樣的標語並不能起到有效的作用。後來，根據人們的心理研究成果，改變了標語的表達方式，如「為了您和家人的健康，請不要吸煙」等。這就是從對方的角度來思考問題。這樣的表達方式起到了有效的作用。那麼，如何做到換位思考呢？

第一步：站在對方的角度或立場上。理解別人的立場或角度始於有好奇心和願意詢問問題，然後傾聽對方的話。

第二步：想像一個不同的位置。也就是你要努力想像你自己實際上在別人的位置，看着自己。

第三步：放棄你的控制策略。

# 31 MECE 分析法，
## 減少遺漏和重複

把握事物整體的時候，一定要防止出現思考的遺漏點和重複。在表達過程中，採用 MECE 分析法對於考慮不全面的人來說，是一種非常有效的提高方式。

MECE 分析法，全稱 Mutually Exclusive Collectively Exhaustive，意思是「相互獨立，完全窮盡」，也就是對於一個重大的議題，能夠做到不重疊、不遺漏地分類，而且能夠藉此有效把握問題的核心，並有效解決問題的方法。它是麥肯錫的第一個女諮詢顧問巴巴拉‧明托在金字塔原理中提出的一個很重要的原則。

所謂不遺漏、不重疊，是指在將某個整體（不論是客觀存在的還是概念性的整體）劃分為不同的部分時，必須保證劃分後的各部分符合兩個要求：第一，各部分之間相互獨立；第二，所有部分完全窮盡。MECE 分析法中的「相互獨立」意味着問題的細分是在同一維度上，有明確區分且不可重疊；而「完全窮盡」則意味着全面、周密。

那麼，如何利用 MECE 原則來分析問題呢？具體可以通過以下四個步驟來落實 MECE 原則：

## 1 確立核心問題

要明確當下討論的問題到底是甚麼，以及你想要達到甚麼目的。

## 2 列出關鍵點，且完全窮盡

你要圍繞核心問題，列出與它相關的所有關鍵點。並且，你還需要思考一下是否把所有的點都想到了；如果是，那麼你所列的關鍵點就是「完全窮盡」。

## 3 檢查每一項是否完全獨立

當你覺得這些內容已經確定以後，認真研究它們：是不是每一項內容都是獨立的、可以清楚區分的事情？如果是，那麼你的內容清單就是「相互獨立的」；如果不是，就對它們進行分類和歸納。

## 4 再檢查每一層是否完全獨立且窮盡

你會發現這種呈現的結構變成了金字塔樣式，每一層都是下一層內容的總結概括，而第一層是要闡述的核心問題（或觀點），這就是麥肯錫推崇的金字塔思維結構。

▶▶ ▶▶ 延伸閱讀

# 如何提高自己的
# 思維能力

在很多方面，由於看事情的角度和思維方式不一樣，大家經常會有不一樣的表達語言。那我們該如何提高自己的思維能力呢？

## 1　換個角度看問題

對於同一件事，要從不同的角度看待和思考，這樣可以獲得新的、不一樣的理解和想法，使你擺脫框架思維，做出與常規思維截然不同的創新決策。

## 2　對知識要融會貫通、知行合一

僅學習知識是不夠的，更重要的是把各種不同的知識融會貫通，不斷地思考和感悟，並將之運用於實踐，增加自己的生活經驗和閱歷，這樣才能真正起到作用。而這個過程才是鍛煉思維能力的過程。

## 3　培養學習能力

持續有效的學習能力是獲得思維能力的基礎和動力，更是動態衡量人的能力的標杆。因此，要想有敏銳的思維能力，必須培養自己的學習能力。

## 4　養成思考的習慣

你應該在身邊沒人、夜深人靜的時候，多多獨立思考，或者定期規劃出一段時間來思考自己的生活。這樣可以讓你的思想變得更深邃，思維變得更有條理。

## 5　有危機意識

人們常說的第六感，其實就是一種敏銳的察覺能力，對危險和機遇的感知能力。而我們要做的是努力培養自己的危機意識，在危機發生之前就進行縝密的思考，及時察覺到這種危機並未雨綢繆，這樣會促使迸發靈感，提高我們的思維能力。

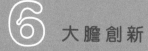

## 大膽創新

就思維來說，其實最忌諱僵化和程式化。我們不能拘泥於傳統思維和常人普遍的觀點，要有自己的獨特想法和觀點，要懂得假設和創新，改善自己的思維方式。

# 第七章

## 觀點一致，解決難圓其說的溝通尷尬

回想一下，你說過的話是否經常有自相矛盾的情況呢？如果是，那你說話就犯了「兩難推理」的邏輯謬誤。面對這種毛病，如何解決難圓其說的溝通尷尬？如何提升自己的說話能力呢？本章將一一詳細闡述。

# 32 對於自相矛盾的話，
## 一眼就能看出漏洞

大部分人都喜歡說話前後觀點一致的人，而厭惡說話自相矛盾的人。說話自相矛盾的人說話犯了「兩難推理」的邏輯謬誤，聽者能很快察覺，並會影響雙方溝通的順利進行。

兩難推理，又稱假言選言推理，是由兩個假言判斷和一個兩肢的選言判斷作為前提構成的推理。在溝通過程中，一些人經常運用這種推理形式提出兩種可能的情況，不論對方肯定或否定其中的哪種情況，都會陷入進退兩難的境地。比如：

前提：如果明天不下雨，他就不能穿新雨鞋；
　　　如果明天下雨，他就不能穿新衣服；
　　　明天不下雨或者下雨。
結論：他不能穿新雨鞋或者不能穿新衣服。

根據兩難推理的結論是直言命題還是選言命題，可將兩難推理分為簡單式和複雜式；根據兩難推理結論的得出是運用了充分條件假言推理的肯定式還是否定式，可以將兩難推理分為構成式和破壞式。因此，兩難推理的形式有：簡

單構成式、簡單破壞式、複雜構成式和複雜破壞式。

我們先看一個案例：

一位年輕人喜歡發明創造，夢想着能夠得到大發明家愛迪生的指導，因此他很想去愛迪生的實驗室裏工作。他投了簡歷，愛迪生對他很感興趣，並面試了他。在面試時，愛迪生問他：「你對科學發明有甚麼見解？」這位年輕人自信滿滿地説：「我很喜歡發明創造，我特別想發明一種萬能溶液，它可以溶解一切物品。如果甚麼東西不被需要了，就可以把它溶解掉，這多好啊，很多廢物就不需要堆積了。」愛迪生聽後，驚奇地問：「那麼我想知道，你發明的這種萬能溶液如何存貯和運輸呢？它不是可以溶解一切物品嗎？」年輕人頓時啞口無言。

在上面的案例中，這位年輕人之所以被問得啞口無言，是因為他的話中包含了不可克服的邏輯矛盾：既然萬能溶液可以溶解一切物品，就沒有辦法存儲，那這種溶液也就無法存在。盛放萬能溶液的器皿，至少是這種溶液不能溶解的，這樣一來，他的話才能符合邏輯。

## 33 以子之矛攻子之盾，<br>用對方的觀點說服對方

當與對方的觀點相矛盾，又無法直接去說服對方時，你不妨拿對方的觀點、方法或言論來反駁對方，以使你的溝通更有效。

通常，一個人説話都是選取一個論點，然後找到利於自己的論據讓自己的話站住腳。要説服這樣的人，就要用他提出的這個論點來反駁他。

有一位學者，他知識淵博，對哲學頗有研究。他的家境也比較富裕，家中僱用了幾個工人，其中有一個名叫哈頓的年輕人。哈頓年輕又聰明，總是喜歡與人辯論，即使沒理也要狡辯一番。有一次，天氣突然變化，馬上就要下雨了，學者家中的曬穀場上還有晾曬的稻穀沒有收起來，於是他派哈頓趕緊去蓋一下，以免稻穀被淋濕。

但是，哈頓並沒有按照學者的話去做，結果曬穀場上的稻穀都被淋濕了。學者知道後很生氣，他把哈頓叫來責怪了一通。然而，哈頓並不服氣，他還説道：「先生，情況並不是您想的那樣。一粒稻穀總不能算一個穀堆吧？加上一粒後，也不是穀堆呀；再加上一粒也成不了穀堆；即使繼

續加上一粒，也仍然不是穀堆。可見，每加上一粒，都成不了穀堆，所以穀堆根本不存在。既然這樣，您還要我去蓋甚麼呢？」

學者看着哈頓那狡猾的笑臉，覺得既生氣又好笑。覺得生氣是因為哈頓不僅做錯了事，還要無理辯解；覺得好笑是因為哈頓自作聰明，居然班門弄斧。於是，學者只是笑了笑。哈頓高興極了，他覺得自己的詭辯成功了，主人對他無可奈何，所以又以此在同伴中炫耀。沒過多久，該發薪水了。學者家中的其他工人都拿到了自己的薪水，只有哈頓一枚硬幣都沒拿到。

於是，哈頓去找學者，問：「先生，怎麼沒有我的薪水呢？」學者聽完，笑了笑說：「是嗎？大概也不是你想像的那樣啊。一個硬幣該不是你的薪水吧？加上一個也不是你的薪水；再加上一個，同樣也不是你的薪水。這樣，每加上一個硬幣，都不是你的薪水。所以，你的薪水根本不存在，你讓我發給你甚麼呢？」

在上面的案例中，哈頓以「一粒米再加上一粒米不算一個穀堆」的荒謬觀點為自己的錯誤辯解，並暗暗自喜。在發薪水的事情上，學者運用了哈頓的觀點來反駁對方，對方也就無話可說了。

# 34 面對矛盾說「軟話」，以柔克剛感動人

面對對方銳不可當的氣勢時，適當地說一些「軟話」，就能起到較大的作用。

在溝通過程中，假如對話的氣氛不融洽，對方的心裏有敵意或抵觸，這時不要總想着用強硬的態度壓制對方，逼迫對方就範，這樣只會更加激怒對方，引起對方的逆反心理。不如換一種方式，說一些「軟話」，消除對方的怒氣，然後再用柔和的態度進行說服，這樣就會有很好的效果。

一次，王老闆在當地一家有名的酒樓宴請從外地來的幾位大客戶。酒席非常豐盛，客戶們也很滿意，尤其是對當地的特色菜很感興趣，都紛紛讚不絕口。王老闆笑着說道：「大家慢慢吃，還有一道大菜『鴨包魚』，大家一定要嘗嘗，這可是這裏的特色菜。」

一會兒，「鴨包魚」端上來了，客戶們拿起筷子細細品嚐後，都豎起大拇指讚揚。隨後，他夾起一塊品嚐着。突然，王老闆的臉色一下子變了，他扔下筷子，大聲喊侍應：「快把你們經理叫來。」

侍應不知道出了甚麼事情，嚇得趕緊跑去請經理過來。王老闆惱怒地指着「鴨包魚」說：「這道菜我吃了很多次了，從來沒有這麼難吃過！你給我解釋解釋，到底是怎麼回事？」

經理看了看這道菜，並沒有看出哪裏不妥，於是賠笑着說：「王老闆，您是我們的常客，酒樓的 VIP，我們這裏哪個不認識您，又怎麼敢玩弄您呢？肯定是廚師沒把這道菜做好，火候太過了，所以肉質吃起來硬一些。這樣，我扣他獎金。」

王老闆聽後有些不好意思地說：「算了算了，廚師也不容易。你跟他們說一聲下次要注意了。」經理對王老闆豎起大拇指：「還是王老闆大人有大量，我一定親自叮囑他們，謝謝您的體諒。今天的這桌菜全部打八折，就當是給王老闆及各位貴客賠不是了。您看行嗎？」王老闆的臉上這才露出滿意的笑容。這場矛盾就這樣化解了。

在上面的案例中，經理面對滿臉怒氣的王老闆先是好言安撫，然後抬高王老闆的身份，給足了王老闆面子。最後，利用「以柔克剛」的軟話策略成功地說服了對方。假如經理為酒樓開脫或尋找其他藉口，那只會增加王老闆的怒氣，使矛盾升級。

## 35 含蓄地迴避矛盾，一種柔軟的策略

在面對溝通矛盾時，不一定非要選擇硬碰硬的方式，柔軟的對話方式更能有效地解決問題。那麼，這種柔軟的對話方式是甚麼呢？

我們每天都在與受各種因素影響的人們打交道。這些影響可能來自挫折、恐懼、不耐煩、自我防禦或其他很多因素。這些人可能是孩子、老闆或商店售貨員等。我們是否應該鍛煉出一種心理狀態，能讓我們與這些處在各種影響下的人自如交往，而不會因為他們而情緒失控呢？

假如你的情緒失控了，將最容易到嘴邊的話不加選擇地脫口而出，那麼你可能會面臨危險，說出讓自己後悔的一番話，並且這些話覆水難收。

含蓄地迴避矛盾，是一種柔軟的策略。在溝通過程中，當你面對衝突局面時，掌握這種技巧和策略就能將之扭轉過來而促成大好局勢。尤其是當對方採取言語攻擊，或溝通本身出現障礙時，你可以含蓄地迴避矛盾，遠離原來所談的話題，巧妙地躲過彼此之間的矛盾，突破溝通的隔閡，讓溝通順利進行。

這種方式之所以有效，是因為所有人都希望自己被尊重，所有人都希望自己被好聲好氣地詢問而不是被頤指氣使地命令，所有人都希望自己在做錯事的時候能獲得改正的機會，所有人都希望自己不被威迫着做出決定。

喬治‧湯普森（George Thompson）說：「當今街頭最危險的武器，是一條隨時準備攻擊的舌頭。」含蓄地迴避矛盾這種策略，會讓你知道怎樣通過你的語言將對手的負面力量轉變成對自己有利的力量。那麼，在使用這種策略時，應該做到哪些方面呢？

## 1 保持冷靜

通常最容易湧到嘴邊的攻擊話語往往是下意識的，因此，在這之前你要讓自己保持冷靜，學會控制自己的情緒。

## 2 含蓄地表達

委婉含蓄的語言更容易被別人接受，更能表現出對別人的尊敬，令人達到有效交流、溝通思想的目的。

# 36 妥善處理「關鍵對話」中的矛盾衝突

當對話進行到「關鍵對話」階段時，你要非常謹慎地組織語言，否則不小心說錯了話，就會瞬間激化矛盾，導致溝通失敗。

通常，人們希望用對話化解衝突，這種情況比較難以把握。因為它有這三個特點：高風險、雙方觀點不一致、有激烈的情緒。當人們無法正確地處理關鍵對話時，生活中所有重要的方面都會受到不利的影響。比如這個案例中媽媽和孩子的衝突對話：

女兒：「你怎麼可以這樣讓我出醜？好不容易有人喜歡我，這下人家再也不搭理我了！我討厭你！」
媽媽：「你不要和他交往，以後肯定會遇到更好的男朋友，為甚麼你要在這種人身上浪費時間呢？」
女兒：「別煩我，我的生活全被你毀了！」

面對這種容易發生矛盾的對話場景，難道只能選擇逃避對話或是把對話搞砸嗎？當然不是。科里·帕特森（Kerry Patterson）教授指出：「只要掌握兩大原則就可圓滿地解決『關鍵對話』中的矛盾衝突。」這兩大原則的內容如下：

## 1 明確自己的對話目的

明確你希望通過對話達到甚麼目的。事實證明,在激烈情緒的影響下,人們往往會走向兩個極端:要麼沉默不語,要麼瘋狂發作。人們完全忘記了自己的對話目的是要和對方一起解決問題。而偏離預定目標的對話是不可能獲得令人滿意的解決結果的。

## 2 維護對方的安全感

要讓對方在毫無壓力的情況下與你展開對話。實際上,只要你拉緊「安全感」這根弦,能夠設身處地地考慮對方的感受,能夠三思而後言,就可以輕易消除對方心裏的包袱。假如你不小心使對方失去了安全感,也不要氣餒。使對方重獲安全感,可以按照下面三種有效技巧來處理:

### 真誠道歉

當你犯下傷害對方的錯誤時,應向對方真誠道歉,犧牲一點自尊心,承認自己的錯誤。犧牲才能換來回報,當你放棄一些立場時,往往會得到理想的溝通結果。

### 利用對比法消除誤會

對方喪失安全感,有時候是因為你的做法明顯傷害了對方,但有時候是無心之過。這時你可以利用對比法來消除誤解。

### 創建共同的目的

當溝通雙方對話的目的不一致時,你要暫停充滿爭議的對話,關注對方的真正目的是甚麼,然後努力創建共同目的。

## ▶▶ ▶▶ 延伸閱讀

# 避開雷區，
# 才能防尷尬

在人與人的溝通中有很多需要避開的雷區，這些雷區就像危險的地雷，時刻對我們的溝通造成威脅。很多時候，我們之所以經常陷入溝通的尷尬中，往往是因為沒有注意到某些細節而無意中踩了雷區。如果想避免這些情況，在説話時就一定要避開險境。

## 1 雷區一：不說別人的「痛處」

俗話説：「尺有所短，寸有所長。」每個人都有自己的優點和缺點，在與人交談的過程中，應盡量避免説別人的痛處。比如，對方身體有殘疾等，這對他們來説本身就已經造成一定影響，這時你再説與之相關的問題，只會增加他們的心理負擔，讓他們更加痛苦和難堪。

每個人心裏都有不可觸碰的傷疤，都有不願他人提及的話題。那些喜歡揭開別人傷疤的人，不僅是非常可悲的，更是可恨的。可悲的是，他們的一生中不會有真正的好朋友；可恨的是，揭別人的傷疤會讓人勾起一段不快樂的回憶，無異於在對方的傷口上撒鹽。

## 2 雷區二：不要在失意的人面前大談自己的得意

很多人都聽說過這樣一句話：「木秀於林，風必摧之；堆出於岸，流必湍之；行高於人，眾必非之。」這句話是在告誡人們，一個人無論多麼優秀，都不要在眾人面前出風頭，風頭出多了，必將第一個遭殃。

在人生的旅途當中，誰都會遇到得意或失意的時候。得意之時不炫耀才是一種處世哲學。特別是在失意者面前，我們應盡量保持一顆平常心，不要炫耀自己的得意。相反，對失意者多一點同情和理解，這樣，你的得意才能持久，你的朋友才會更多。

## 3 雷區三：別人的隱私不要說

所謂秘密，指的是隱蔽且不為人知的事物。既然是秘密，自然是深埋在心底的事，正如羅曼‧羅蘭所說：「每個人的記憶裏，都有一座埋葬記憶的小島，永不向人打開。」對於別人的秘密，我們要麼將其拒之門外，要麼就要爛在肚子裏。

雷區四：說話不要直來直去

不知道你身邊有沒有這種人，說話直來直去，出口傷人之後拋下一句「我這人就是說話直，你別介意」，就覺得事不關己高高掛起了。可是，他那些傷人的話，已經使得對方之前產生的那點好感消失殆盡了。

# 第八章

## 論證充分，邏輯表達會更有說服力

優秀的說服高手能影響別人，其關鍵在於他的理由、論據經得起琢磨，說話非常嚴謹，讓對方找不出任何破綻來。相反，那些沒有說服力的人，說的話總是那麼空洞，沒有事實根據就發言，這會讓人覺得說話沒有甚麼可信度，久而久之，更讓對方產生厭煩感。

因此，要想說服別人，你的表達要有邏輯性，即你的主張要明確，論據要能說明主張，並且能正確地說明主張。這三點是很關鍵的。

# 37 站不住腳的邏輯，讓你的論證破綻百出

如果理由不充分，甚至沒有明確理由就下結論，你就犯了「妄下結論」的邏輯謬誤。這樣的結論經不起推敲，破綻百出的論證表述很難讓別人信服。

在生活中，你是否有過這樣的經歷：你往往有許多篤定的主張，並且覺得自己有充分的理由來支持這些主張。但當你試圖說服別人時，常會覺得無法說清楚這些理由，因而陷入難以說服別人的窘境。在這種情況下，你就要思考一下自己是否犯了「妄下結論」的謬誤。

「妄下結論」的謬誤有兩種表現形態：

❶ 在證據明顯不足時，卻以堅定的口吻直接斷定某結論是對的。

❷ 在沒有任何證據或理由的情況下，直接說某結論是正確的。這種是最糟糕的。

比如，阿凱、阿東在和另外一個同學一起玩耍，阿凱媽媽對阿東媽媽說：「那個同學是新來的嗎？不過看他的長相就知道他不是個好孩子，不要讓他們在一起玩了。」阿東媽媽回答說：「我也有同感。」通常，憑長相判斷一個人

是好是壞是難以令人信服的。這種根據一個人的長相來推斷其人品的做法就是犯了「妄下結論」的謬誤。

因此，當你準備下結論的時候，一定要反思一下結論的支持理由是否已經清楚地表述出來，以及能否滿足你對該結論的肯定程度。總之，在表達過程中，你的論證是否嚴謹、是否符合邏輯，直接決定了你的說服力的大小。曾在日本麥肯錫企業任職多年的高杉尚孝教授說：「做到符合邏輯，也就是有邏輯性，就能增強說服力，從而讓對方採取己方所期待的行為。」關於如何把自己的想法有邏輯性地傳達給別人，他提到三個要素：

## 1 有明確的主張

明確的主張是有邏輯性的大前提。如果你的主張不明確，就根本談不上有邏輯性。試想一個人連想說甚麼都不明確，又哪有資格站在有邏輯性的起跑線上呢？一旦對方問「你到底想說甚麼」，那你就鐵定出局了。

## 2 主張有論據

主張有論據，就是你要恰當地陳述能支持主張的論據。具體的論據有很多。如果主張是既定的結果，論據可能就是造成該結果的原因；如果主張是理想等未實現的目標，論據或許就是達成該目標的手段。此外，論據的實質內容也有很多種，如「資料」、「事例」、「名人意見」等。

### 3 論據能夠正確支持主張

比如，「G 公司的業績正在逐漸恢復，因為營業額呈減少趨勢，而且經費呈增加趨勢」。在這句話中，儘管提出了「明確的主張」和「論據」，卻是讓人啼笑皆非的，因為其主張和論據是相互矛盾的，論據不能正確地支持主張。

要想檢驗論據和主張的關係是否正確、一致，你可以站在對方的立場來確認。但不要根據對方的情況改變你的主張，而應在不改變原方向的前提下，盡量對證據加以校正，使對方產生共鳴。

在論證過程中，只要你的表達符合上面三個要素，就能讓對方有效地傾聽你的建議或想法。

# 38 沒有全面調查，
請不要輕易發言

一些人在遇到不如意的事情時習慣隨便發脾氣，通過指責別人來宣洩自己的不滿。假如真是對方的錯，對方也許就默認了，但假如不是對方的錯，對方肯定會對你有滿肚子的意見。

在生活和工作中，許多人在沒有了解事實真相的前提下就輕易做出判斷。即使有時候，他們中的極少數人能夠通過以往經驗和精準的直覺對一些事做出正確決策，但是，這也是在其長期的實踐基礎上總結出來的經驗。也就是說，經過大量的調查，不斷反思，他們逐漸總結出了一套屬於自己的思維方式。

沒有全面調查就輕易發言，是不良的表達習慣。在家庭教育中，一些家長一看到孩子犯了錯就本能地發火，不管三七二十一先罵孩子一頓，從沒想先了解一下事情的前因後果。

年齡尚小的孩子由於表達能力欠缺，很難將心中的想法完整、恰當地表達出來，這時候家長應靜下心來，耐心地詢問和傾聽，鼓勵孩子說出自己的想法。

論證充分，邏輯表達會更有說服力

在家庭教育中，這種輕易下結論的錯誤是很常見的，也是家長很容易犯的錯誤。家長沒有弄明白原因就輕易否定、冤枉孩子，這種「以為是」、「應該是」、「肯定是」而實際上「根本不是」的做法，容易使家長誤會孩子，與孩子之間產生隔閡，傷害孩子的內心。因此，沒有全面調查就不要輕易發言。在工作中也是如此。

某公司的市場調查員阿琪因為提供了錯誤的市場訊息，使公司遭受了重大損失。對於這樣嚴重的失職行為，公司主管可以對他進行嚴厲的處罰，甚至讓他離職。

但公司主管並沒有向阿琪發火，而是壓下了心中的怒火，因為主管想知道損失到底是甚麼原因導致的。阿琪被叫去談話後，主管心平氣和地說：「你先把這次資訊判斷失誤的原因總結一下，寫一份報告交上來吧。」

這件事情就這樣拖了一段時間，幾個月後，公司因為阿琪提供的詳細、精準的報告穩穩地大賺了一筆。於是，主管又把阿琪叫去，對他說：「我看了你上次寫的報告很詳細，從中可以看出，上次的資訊失誤是不可預測的客觀原因造成的，因此公司決定免除對你的處罰。你也不要再把這件事放在心上了，以後多汲取教訓就行了。這一次，你為公司提供了重要的資訊，公司對你提出表揚，並給予一些獎勵。」阿琪當時心裏感動極了。

沒有全面調查，就不要輕易發言。這裏面包含了一個深刻的道理，那就是只有真正做過調查的人才能掌握實際情況，才能讓對方心服口服。案例中的公司主管在發現問題後，沒有在第一時間對員工發火，而是讓對方做了一份詳細的報告，從中了解了真正的原因。主管只有通過調查，才能發現存在的問題，找出問題產生的原因。這對主管做出正確的決策至關重要。

因此，遇到問題時，你需要靜下心來，把問題想清楚，理清思緒，盡量考慮全面，最好進行全面調查，讓自己的思維嚴謹起來，不要說一些沒有根據的話。

論證充分，邏輯表達會更有說服力

## 39 說話要言之有物，善用「5W」表達技巧

空洞的觀點和說教，不但讓人覺得你說的話缺少可信度，更讓人產生厭煩感。而說話言之有物，表達的內容就會充實，不僅能讓你的話更有說服力，而且能讓對方覺得你，說話有理有據。

平常說話時，你是否經常覺得自己的表達空洞、缺乏內容，不容易被他人記住？其實就是說話「言之無物」所致。

美國斯坦福大學組織行為學博士科里・帕特森（Kerry Patterson）說：「事實是最不會引起爭議的內容。從事實談起可以為你的對話提供安全的出發點。由於具備高度的客觀性，事實是最不會引起爭議的內容，和主觀判斷相比，事實還具有說服力更強的特點。事實是構成信念的基礎，如果你想說服別人，注意不要一上來就在對話中拋出個人想法，你應當在事實的基礎上展開對話。」

俗話說：「有理走遍天下，無理寸步難行。」這裏的「理」不僅是指觀點，還指支撐觀點的理由或論據。如果你說話時論據不夠完整且表達具有跳躍性，就不能很好地向對方

傳達自己的論據和結論。論據一旦有所缺失，就難以使別人接受你的結論，你也不能準確、完整地傳達資訊。

那麼，如何讓說話言之有物呢？「5W」表達技巧可以幫助你向對方傳達充實、有說服力的資訊。所謂「5W」，是指What（是甚麼）、Why（為甚麼）、When（甚麼時間）、Who（誰）、Where（甚麼地方）。但是，這必須建立在說實話的基礎上，因為只有實話才有充實而清晰的細節，也只有這樣的細節才使你說話「言之有物」。

為了使你說話言之有物，「5W」表達技巧可以用於很多場合中。除了上面的場合之外，還可以用於工作中，這是非常有效的一種方法。假如欠缺「5W」表達技巧中的任何一個要素，即使做出提案也不可能推進談話的進行。比如，「對於我公司的利益構造需要從根本上進行改革」，如果沒有決定好具體「做甚麼，如何做，由誰做，甚麼時候開始，為甚麼這樣做」，那麼就只是喊喊口號罷了。

# 40 不「以人為據」，
## 說服表達更有邏輯

> 「以人為據」是一種常見的邏輯謬誤。習慣使用
> 這種詭辯術說話的人，往往已經理屈詞窮，甚至
> 把「某人」當成說服對方的絕招。

「以人為據」是在邏輯上「不能推出」的表現形式之一。
它以人的地位高低、名聲大小、關係親疏、個人品質的好
壞等作為立論或駁論的根據，而這些根據和論題本身的真
假並沒有必然的聯繫。「以人為據」有兩種表現形式：因
人廢言謬誤和因人納言謬誤：

## 1 因人廢言

因人廢言，指的是在論辯中，僅僅根據立論者的道德品質
或自己對立論者的厭惡態度，而不考慮立論者的論斷內容
是否真實，也不根據邏輯反駁的規則和要求，就對立論者
的論點加以否定而表現出來的一種謬誤。

另外，因人廢言謬誤還可能表現為根據某人的特殊身份來
否認與其身份相關的言論。比如：「別相信吳老師所提出
的教師工資應隨物價上漲而提高的意見，作為一名老師，
他當然希望增加老師的工資。」

在表達時，你所說的觀點如果不摻雜任何有關對方缺點的成見，就能夠對對方的言論做出正確的評價，也就不會陷入此邏輯謬誤中。

## 2 因人納言

因人納言，指的是說話者試圖通過訴諸專家或權威的意見來確定其結論，這是對權威的濫用。因人納言，又稱訴諸權威。在日常生活中，不乏這樣一些人，他們打着「權威」或「專家」的幌子，利用大家盲目相信權威的心理來發表一些不當言論。

總之，不管是因人廢言還是因人納言，都是不可取的論證。在表達過程中，你不能因為某個人有缺點或某個人很權威，就認定他的話是錯誤的或正確的。我們要從實際出發，並保持理性思考，保留質疑態度，來判斷其中的真或假，這樣的思維能力才是邏輯表達所需要的能力。

論證充分，邏輯表達會更有說服力

# 41 不原地兜圈，說服的目的 不是把人繞暈

有的人說話喜歡「原地兜圈」，以為這樣就能成功說服對方了。但實際上，當對方回過神後，就會明白你的理由並沒有嚴謹的邏輯性。這樣的表達方式犯了「循環論證」的邏輯謬誤，容易讓人心生厭煩。

循環論證，即論據的真實性依賴於論題的真實性。換句話說，在循環論證中，論證的前提就是論證的結論，因此又稱為「先定結論」。這種表達方式就好像在原地兜圈，根本就是徒勞無功，解決不了任何問題。

下面的對話是循環論證的例子：

瘦子問胖子：「你為甚麼長得這麼胖了？」
胖子回答：「因為我吃得多，每天吃 5 頓飯，每頓都吃得很多。」
瘦子又問胖子：「你為甚麼吃得這麼多啊，不能少吃點嗎？」

胖子回答：「不能啊，因為我長得胖，如果我吃得少就會很餓啊！」

胖子的回答幽默風趣，同時也讓人很無語，因為這樣的回答毫無意義。案例中先是以「吃得多」為理由解釋「長得胖」，隨後又以「長得胖」為理由解釋「吃得多」。胖子的這種論證，就是循環論證，是在兜圈子，說來說去，他的回答並不能解決瘦子的疑問。

## ▶▶▶ 延伸閱讀

# 增強說服力的
# 二十個原則

美國風險投資家詹森‧納扎爾（Jason Nazar）在研究了當今很有影響力的政治、社會、商業和宗教領袖後，總結了增強說服力的二十個原則。

## 1 說服不是操縱

操縱是通過強力脅迫別人做自己不願意做的事情。說服是讓別人去做對自己最有利的事情。

## 2 你不可能說服所有人

你不可能在短期內說服所有人。說服的第一步是確定那些在短期內有可能被你說服的人，並將精力集中在他們身上。

## 3 環境和時機

環境大致決定甚麼是人們可以接受的。環境對大多數人具有決定性的影響，時機決定人們在某個時候的需要。

## 4 對別人感興趣

人們都對自己最感興趣，大部分時間考慮的都是自己的健康、愛情或財富。說服的藝術首先是學習怎樣始終如一地談論對方，這樣做的話，你將能夠吸引對方的注意力。

## 5 互惠規則

互惠是我們作為人類不同於其他物種的一個特性。更重要的是，你可以槓桿式地運用這種互惠原則。凡事多為別人考慮幾分，別人將回報你更多，而且這是別人樂意做的。

論證充分，邏輯表達會更有說服力

## 6 堅持就是力量

堅持不懈的人是最有說服力的。許多歷史人物都是靠堅持不懈的努力最終說服人民群眾的。比如,林肯曾經八次競選失敗,但他一直堅持,最終當選為美國總統。

## 7 真誠地讚美

我們都喜歡得到讚美,並且很容易受其影響,我們更容易相信那些我們對之懷有好感的人。嘗試去真誠地讚美別人,這是說服別人最簡單的方式,而且這樣做毫不破費,只需要片刻的思考。

## 8 不做假設

永遠不要假設別人需要甚麼,你要做的是提供價值。尤其在銷售過程中,很多人經常怯於推銷自己的產品或服務,因為他們認為別人支付不起或者沒有興趣。不要假設別人不想要,勇敢地推銷你的產品或服務,讓客戶自行選擇。

## 9　創造短缺

除了生活必需品，幾乎所有東西的價值都是根據其稀缺性來確定的。如果你希望有人想得到你提供的東西，你必須使這種東西變得短缺。

## 10　製造緊迫感

如果人們沒有足夠的動力馬上行動，很可能他們永遠不會行動。製造緊迫感可以促使對方馬上採取行動。

## 11　視覺效應

我們看到的比我們聽到的更有説服力，要使你給別人留下的第一印象盡善盡美，讓對方首先對你有良好的印象。

## 12 說出真相

有些時候，說服別人最有效的方法是說出別人不容易聽到的真相。直面嚴酷的事實真相是我們生活中最驚心動魄、最有意義的事件。將真相告訴對方，但不要議論，你往往會發現對方的反應十分驚人。

## 13 建立默契

通過有意地與對方的習慣性行為（身體語言、節奏和語言模式等）協調一致，你就可以在你與對方之間建立一種默契。這種默契會讓對方倍感舒適，並更容易令對方接受你的建議。

## 14 行為彈性

孩子往往很有說服力，因為他們會通過一連串的行為（噘嘴、哭泣、懇求、撒嬌等）去得到他們想要的東西。你的行為愈有彈性，你就愈有說服力。

## 15 學會傳遞能量

有說服力的人懂得如何將自己的能量傳遞給別人，激勵和鼓舞他們。這有時只需要簡單的眼神或身體接觸、笑聲、熱情的口頭回應，或者僅僅只是積極地傾聽。

## 16 清晰表達

要想說服對方，首先要讓對方能聽明白你說的話，因此你需要有清晰的表達。

## 17 不打無準備的仗

細緻的準備工作通向有效的說服。比如，你去某公司應徵，如果你十分熟悉該公司的產品、服務和背景，你的面試通過率就會大大提高。

## 18 保持冷靜

一個「情緒失控」的人不可能有說服力。在緊張的衝突中，人們將會轉向那些能夠控制自己情緒的人，如果你能始終保持冷靜和理智，你就是有說服力的人。

論證充分，邏輯表達會更有說服力

## 19 利用憤怒

有時候憤怒也是可以利用的。在衝突引起的憤怒中，大多數人都會感到不舒服。如果緊張和衝突升級，在許多情況下，其他人就會因憤怒而退縮。使用這種方式需謹慎，不要在情緒激動或者情緒失控的時候使用它。

## 20 自信

沒有甚麼品質比自信更引人注目、更令人陶醉和更有吸引力。如果你真的相信你所做的事情，你往往也能說服別人。

# 第九章

## 準確把握思路，用邏輯線進行有效回答

溝通是一個雙向互動的過程，有問話就有答話。無論對方說了甚麼，都應該做出正確的回話。假如只有對方說，你卻不回話或答非所問，就容易出現「溝而不通」的現象。

你需要掌握這些技巧：搞清對方的問題、做出精心的準備、看清說話物件是誰以及掌握面對高難度的問題時的回話策略等。

## 42 轉移話題，
## 你的所答非所問

轉移話題是邏輯謬誤中的一種，即我們常說的離題、跑題，指的是在同一個思維過程中將兩個不同的論題混淆起來，把正在討論的論題拋到一邊，用另外一個論題去代替原來的論題。

在回話時，答非所問是轉移話題的一種具體表現，同時也是生活中常有的現象。這種回話方式通常會讓對方很厭煩，影響溝通的有效進行。比如：

**對話一：**

媽媽：「你和男朋友去哪兒了？你為甚麼對我撒謊？」

女兒：「你總是挑我的錯。」

在這段對話中，女兒將「跟男朋友去哪兒了」這個問題轉移到了「總是挑我的錯」。她的回答是答非所問。

**對話二：**

主管：「阿碩，這個星期你已經遲到三次了，今天為甚麼又遲到呢？」

阿碩：「主管，我遲到是有原因的。第一次是因為鬧鐘壞了，第二次是因為孩子拉肚子，趕來的路上又遇到堵車……總之，奶爸真不好當啊！」

在上面的案例中，阿碩完全是答非所問，因為主管問的是「今天為甚麼遲到」，而他回答的是前兩次遲到的原因。很顯然，他的回答和主管的問題並沒有直接聯繫。

那麼，如何使自己在回話中不轉移話題呢？

第一，牢記問題究竟是甚麼。在回答問題前，你要記住對方的問題到底是甚麼。第二，你是否真的回答了對方的問題。假如你已經回答了問題，也要思考一下回答本身是否針對這個問題。第三，回答時的理由是否和問題相關。即使你正面回答了問題，也要切記理由是否和結論相關。

# 43 正確回話，
## 讓溝通得以延續

溝通是一個雙向互動的過程，有問話就有答話。
當別人與你交談時，如果只有對方說，你不回話
或回話不到位，就容易出現溝通不暢。只有正確
回話才能讓溝通順利地進行下去。

回話是一門學問，更是一門技術。回話不僅體現了一個人
的口語表達能力，也展現了一個人靈活應變的論辯智慧和
表達技巧。不善回話，讓你遭人拒絕，錯失機會；正確回話，
讓你受人歡迎，贏得機會。

面試官：「說一說你進本公司的原因吧。」

應徵者：「因為貴公司在業界擁有領先的市場佔有率，
福利待遇優厚，而且 MBA 學歷還可以享有公司出資
的留學待遇，公司的這些條件都非常有吸引力。」

應徵者：「我想將貴公司的益智玩具推廣到全國，使
全國兒童的智力水準得到開發。」

面試官想聽的回答是「志向」，而不是「要求」。總之，
要想做出正確的回話，並不是難事，需要做到以下幾點：

## 1 回話要簡短有力

蘇聯文學家高爾基（Maxim Gorky）說，如果一個人說起
話來長篇大論，這就說明他也不甚明瞭自己說了些甚麼。
因此，回話要簡短有力，不拐彎抹角，必須抓住精髓，才
能一語中的。

## 2 回話要真誠懇切

有這樣一句諺語：「真誠貴於珠寶，信實乃人民之珍。」
回話不是敲擊銅鈴，而是敲擊人們的「心鈴」。因此，聰
明的回話者總是用真摯的情感、坦誠的態度擊響人們的「心
鈴」，用自己的心去彈撥他人的心。當對方感受到你的真誠
時，他才會打開心門，接受你的回話，雙方才能深入溝通。

## 3 回話要首尾一貫

首尾統一、前後完整，這是對回話邏輯的一大基本要求。
只有如此，回答才嚴謹完整，才有不容置疑的說服力。

## 4 回話要明確

回話時，應避免拖泥帶水，應直接回答對方的問題。尤其
是在回答別人的嚴肅問題時，不要用一大堆話做鋪墊。

# 44 搞清問題，做到胸有成竹地回話

回話時，不清楚對方的問題就馬馬虎虎地回覆對方，會給對話製造障礙。要想準確回答對方，必須弄清楚真正問題是甚麼。

要注意聽清楚對方所問的問題，準確理解對方問題的意思，抓住對方問題的實質，才不會出現答非所問的錯誤。要弄清楚對方的問題，首先應了解提問的幾種常見類型：

## 1 尋求事實型提問

這種提問只是為了確認具體的客觀事實，幾乎所有人都能熟練掌握，回答的方式也簡明清晰，不需要太多技巧。

## 2 綜合型提問

這種提問是開放式的，好比考試中的主觀題，能引導人們自由地選擇回答的內容，讓他們自我感覺良好。

## 3 直接型提問

這種提問最簡單，答案無外乎「是」或「不是」。直接型提問本身不帶敵意，但使用過多就會給人一種被審問的感覺。

## 4 尋求意見型提問

這種提問多見於徵求對方的意見，並且給了回答者很大的選擇空間。所有人都喜歡尋求意見型提問，因為那會給自己帶來表現的機會。

## 5 誘導性提問

這種提問在本質上相當於把話硬塞到別人嘴裏，很容易激怒對方。在非正式場合，假如對方提出的問題模糊不清，你可以運用下面兩種技巧來搞清楚問題本身：

### 將問題嵌入答案中

你可以將問題嵌入答案之中。這意味着在你回答問題的時候會重複問題的一部分。比如：

問題：「你從我們的客戶那裏了解到了甚麼？」
回答：「我們了解到的情況是客戶很想要一些新的東西。」

將問題嵌入答案中，可以發揮下列作用：你重新陳述了一遍問題，這樣每個人都能聽到提出的問題是甚麼，並且不會覺得乏味；確保自己聽到的問題正確無誤；最重要的是，嵌入問題會使你用對方喜歡的「大腦語言」做出回答。每個人都有自己偏好的「大腦語言」或感覺形式，如視覺的、聽覺的、感覺的、邏輯的或數據的等。（感覺型的人問：「對於正在發生的事情，你有何感想？」正確的回答：「我的感覺是⋯⋯」）

## 改述

有時候，你聽到的問題不是很明確，這個時候，你需要讓問題清晰化，將它進行改述。比如：「那麼，你想問的問題是我們是否同意這樣做，是嗎？」

另外，在正式場合，你可以在回答之前先大聲重複一下問題。這樣做的作用是：

❶ 確保你正確無誤地聽到了提出的問題。假如你花了五分鐘的時間回答問題，最後聽眾說「那不是我提出的問題」，這是很糟糕的。

❷ 確保聽你講話的每個人都能聽到問題是甚麼。

❸ 給你留下三秒的寶貴時間，你的大腦需要利用這些時間去組織答案。

最後，假如你確實不知道如何回答，那麼就實話實説吧。因為沒有人能無所不知，承認自己不知道答案會為你贏得尊重和信譽。

## 45 精心準備，讓回話思路更有邏輯

回話不能想回甚麼就回甚麼，而是要花些時間準備，尤其是在講話或演講的場合，才能讓你的表達意向明確，聽者才有興趣聽你的回話。

回話需要準備，而不是急急忙忙、慌慌張張地在極短的時間內回答對方的話題，那樣往往會使你的回話答非所問，不是鬧出笑話，就是陷入窘境，使溝通受阻。因此，在回話前，你應當把別人的問題在大腦中快速地進行一番思考和過濾，並想好怎麼回答。下面是準備過程的三個步驟：

### 1 確定你想要的結果

在回答前，如果你不明確自己想要的結果，你的回話只是在傳遞資訊，甚至只是在試圖將你知道的事情拋向對方。你想要的結果，一定要具體、明確，並且能夠實現的。

「談話結束時，董事會將同意向我們的一期項目提供資金。」

「談話結束時，我的聽眾將會理解⋯⋯」

準確把握思路，用邏輯線進行有效回答

在陳述你的結果時，盡量避免以下開頭：「他們將更理解……」、「我將告訴他們……」、「他們將知道……」、「他們將考慮……」這樣的開頭會讓你的回話含糊不清。

## 2 找出關聯性

要想找出關聯性，就要從聽眾的角度去準備。任何説話者都可能犯一個大錯誤，即沒有明確為甚麼對方應當重視你的回話，而是直接向對方傳遞資訊。假如沒有人在乎你説的話，也就沒有人會聽你説甚麼。你只要問自己幾個問題，就會明白説話要有關聯性的意義：為甚麼對方要重視你的回話？對對方來説你的回話有甚麼價值？這就完成了三件重要的事情：

❶ 讓對方興致盎然、全神貫注

❷ 直接向對方證明你心裏裝着他們最感興趣的話題

❸ 避免對方發出「與我無關」的抱怨

## 3 提煉觀點

觀點是説話的核心，與話題無關聯的觀點，會使回話離題。因此，提煉的回話觀點應是與話題相關的、集中的，並且是主次分明的。

# 46 射箭要看靶子，
    回話要看對象

回話有很多講究。對於不同的人，應該回不同的話。如果不注意回話的對象，就會給自己帶來很多不必要的麻煩。

任何溝通都離不開特定的對象，回話也一樣。要使回話達到既定的目的，必須知己知彼、有的放矢，根據回話對象的實際情況，如年齡、性別、身份、文化程度、性格、心理等因素，有針對性地確定回話的內容和方式。

回話應該針對不同對象的不同情況，採取不同的策略以及不同的語言表達。相反，如果你不分回話對象，心裏想甚麼就說甚麼，就會在不知不覺中得罪很多人，給自己帶來很多不必要的麻煩，甚至造成一些無法挽回的損失。

回話時，一定要注意對方的具體情況，不要用同樣的態度對待所有人，否則對自己毫無益處。每個人都應該掌握因人而異的回話技巧。比如：

準確把握思路，用邏輯線進行有效回答

## 1 看性格

對待慢性子的人，回話時考慮的時間可以適當加長，而不是對方一說完，你就馬上回答，這會給對方造成壓力感；對待急性子的人，回話要適當快一點，不要拖拖拉拉。

對於穩重嚴謹的人，回話時要注意態度，既不能高談闊論，應直而不曲，話語雖簡單，但言之有物，給人以老實、敦厚的印象；對於直爽的人，回話時要坦承，知無不言。

## 2 看身份

向長輩回話時，應保持謙虛的態度，因為無論如何，長輩的經驗要豐富得多；向後輩回話時，應沉着、穩重一些，因為後輩一般缺乏經驗，你可以給他們提一些有用的建議。

向比自己地位低的人回話時，你要表現出莊重、和善的樣子，要讓他覺得你對他所說的話感興趣，避免露出「支配者」的面孔。比如，你在和下屬談話時，可以誇獎他的工作出色，但切忌講話太多，也不能太顯親密。

## 47 重構挑釁性問題，有效處理高難度回話

有時候，你會遇到特別不友好的提問者，他們試圖讓你落入陷阱。面對咄咄逼人的問題，你要避免與提問者針鋒相對，這不利於你們之間的溝通，是不明智的選擇。你要針對問題背後真正關鍵的內容來回答，也就是對問題進行重構。

當面對一些不友好或帶有挑釁性的問題時，很多人會感到不爽。這個時候，他們還擊、發怒、反唇相譏或憤然離開，往往是很常見的。但這樣對雙方真的有利嗎？以這樣的方式和對方說話，會達到你想要的目的嗎？當然不能。

記住，你必須同時保護你們兩個人的尊嚴。假如你做不到這一點，對方也不會做到。同時，面對挑釁性問題，也不要將問題嵌入答案中，這會使問題在對方的腦海中進一步加強。比如：

問：「這個項目為甚麼耗資這麼多？」
答：「我們耗資這麼多是因為⋯⋯」

準確把握思路，用邏輯線進行有效回答

問：「你沒有足夠的時間與你的團隊在一起，你如何處理
　　這件事？」
答：「我會……」

問：「你為甚麼要對我撒謊？」
答：「因為我……」

上面這樣的回話會使你陷入不利的境況中。你可以對問題
進行重構，也就是針對問題背後的關鍵內容進行回答。對
於上面的第一個問題，可以這樣重構：「這是一個為了完
成項目追加投資的問題。在核查該工程的時候，我們發現
大樓的材料出現了問題，處理這些問題需要投入的資金是
原計劃的三倍。」

當然，重構不是在逃避問題，而是讓你脫離被「攻擊」的
情況，既能解決對方的問題，又不傷害對方的感情。總之，
不管在何種場合，面對這樣的問題，重構都是一個很好的
方法。其中需要一些具體的技巧：

❶ 不重複對方的話。

❷ 糾正誤解，做出正確的陳述。

❸ 堅定而禮貌地擺脫提問者的問題，明確表明你不再與他
　　有任何糾纏。

# 面試中幾個問題的回答思路

下面的內容是對面試中經常出現的一些典型問題的整理，並給出了相應的回答思路。作為面試者，關鍵是要從這些分析中總結面試的規律以及回答問題的思路。

## 1 「請你自我介紹一下。」

自我介紹是表達的基本功，也是當眾講話場面中不可缺少的環節。自我介紹直接關係到你給別人留下的第一印象，往往也會影響你的面試結果。通常，一些人在自我介紹時，只會說到姓名、年齡、愛好、工作經驗，而這些在簡歷上都有出現。其實，面試官最想知道的是你能否勝任這份工作，比如，你的技能、你所擅長的領域、你做過的最成功的事以及你的主要成就等。這些可以和學習無關，也可以和學習有關，關鍵是要突出你的積極個性和做事的能力。同時，回答問題時要有條理，層次要分明。最好提前把這些內容列一個提綱，按照幾個點在家多練習幾遍。

## 2 「談談你的家庭情況。」

面試時，面試官詢問家庭情況不是非要探究隱私，而是要了解家庭背景對你的影響和塑造。面試官相信，和睦的家庭關係對一個人的健康成長有潛移默化的影響。

---

## 3 「談談你的缺點。」

這個問題是面試官經常提問到的問題。回答這個問題時，不要直接說你的缺點，如很懶、工作效率不高、愛嫉妒、小心眼、愛發脾氣等，這樣的回答肯定不會令面試官錄用你。但是，也不要自作聰明地回答「我最大的缺點就是太完美」，一些人認為這樣回答會顯得自己很出色，但其實這並不是好的回答。

面試官喜歡求職者在說起優點時，同時也說一些缺點，最後回到優點上，突出優點的部分。如果非要說一些缺點，你可以說一些對於應徵工作「無關緊要」的缺點，甚至表面上看是缺點，但從工作角度看是優點的缺點。

## 4 「我們為甚麼要錄用你？」

要想回答好這個問題，你要抓住三點：一是你可以做出的貢獻；二是你的適應能力很強，可以很快適應團隊和公司的文化；三是你很努力，可以舉一些例子來說明。只要回答好這三點，相信這個問題肯定會輕鬆過關的。

## 5 「你是應屆畢業生，缺乏經驗，如何能勝任這項工作？」

如果面試官提出這個問題，說明面試官並不是真正在乎「經驗」，關鍵看你怎樣回答。對這個問題的回答最好體現出你的誠懇、機智、果敢及敬業。比如：「我作為應屆畢業生，在工作經驗方面的確有所欠缺。在上學期間，我一直利用各種機會在這個行業裏做兼職。我有較強的責任心、適應能力和學習能力，而且比較勤奮，所以在兼職時均能圓滿完成各項工作，從中獲取的經驗也令我受益匪淺。

## 6 「從上一家公司離職的原因是甚麼？」

這個問題是比較棘手的，回答時的一個原則就是不可以說前公司的任何壞話，比如「太辛苦」、「人際關係複雜」、「管理太混亂」、「公司不重視人才」、「公司排斥我們某部門的員工」等。你可以通過回答一些無關緊要的客觀原因，盡量使離職的原因為你的個人形象添彩。

## 7 「你朋友對你的評價是甚麼？」

其實，面試官是想從側面了解你的性格以及人際關係的問題。比如：「我的朋友都說我是一個可以信賴的人。因為我一旦答應別人的事情，就一定會做到。如果我做不到，我就不會輕易許諾。」、「我是一個比較隨和的人，與不同的人都可以友好相處。在與人相處時，我總是能站在別人的角度考慮問題。」

## 8 「你還有甚麼要問的嗎？」

面試官提問你這個問題，一般是在面試快要結束的時候。面試官為了進一步了解你，便通過這個問題來彌補面試中可能遺漏掉的問題，這個問題起到很大的作用。因此你要切記，最好不要說甚麼問題都沒有，而是提一到兩個有關職位及部門或者公司的問題。

第十章

錯誤解讀，
容易產生錯誤的邏輯表達

錯誤解讀是指當一個人對其他人的言辭、表情、肢體動作有所誤解，同時又依據這些誤解去推理的過程。在生活中，因為理解角度不同、彼此缺乏了解、溝通不暢，或道聽塗說、旁人挑唆、斷章取義等原因，人們之間難免發生誤解，從而產生錯誤表達。

## 48 錯誤的思考，容易導致錯誤的表達

假如一個人在思考上的認識是錯誤的，就會引起語言表達上的錯誤。這就犯了「錯誤解讀」的邏輯謬誤。

俄國政論家、文學批評家皮薩列夫說：「思想上的錯誤會引起語言上的錯誤，言論上的錯誤會引起行動上的錯誤。」下面的對話就是一個典型的錯誤解讀的例子：

阿麗對朋友說：「東東在上課時常常盯著我看，大概是很喜歡我吧。」
麗麗很好奇地跑去問東東，東東回答：「沒有啊，我一直都專心看黑板。」
麗麗說：「你真沒禮貌，跟我說話都不看我，還看著旁邊。」
東東說：「哦，對不起啊，我有斜視。」

阿麗覺得東東「常盯著她看」這一行為是表示「喜歡她」。事實上，東東「常盯著她看」是因為他「有斜視」。因此，阿麗錯誤解讀了東東的這一行為，還對朋友說了「東東喜歡她」這一錯誤的言論。

另外，傳言有時也會造成「錯誤解讀」。當有人跟你說某人在背後說了你甚麼壞話時，有趣的是，通常人們都會將此想像成一種惡意。然而，事實究竟如何是很難說的，假如你還原當時的情景，即使傳達者毫無錯誤地轉述了別人所說的壞話，它的意思有時也可能與原來的很不一樣，更不用說轉述者常會傳達失真了。

常言道：「眼見為實，耳聽為虛。」一傳十、十傳百的事情多半摻雜了誇大和虛假成分，有的甚至以訛傳訛，不足為信。因此，很多人認為眼睛看到的才是最真實可靠的。但有的時候，眼睛看見的未必就和你想的一樣，比如下面孔子誤解顏回的故事。

孔子帶領他的弟子們周遊列國，走到陳國的時候受到當地人的誤解，被圍困起來，大家七天都沒吃飯，一個個餓得眼冒金星。孔子有氣無力地躺在那裏，連頭都不想抬了。

一天，孔子的弟子顏回好不容易討回來一些白米煮飯，飯快要煮熟的時候，孔子看到顏回掀起鍋蓋，抓起白飯往嘴裏塞。

孔子裝作沒有看見，當顏回進來請孔子吃飯時，孔子若有所思地說：「剛才夢到祖先來找我，說食物要先獻給尊長才能進食，豈可自己先吃呢？」顏回一聽，連忙解釋說：「夫子誤會了，剛才我是因看見有煤灰掉到鍋中，所以把弄髒

的飯粒拿起來吃了。」孔子聽了，恍然大悟，抱歉地說：「我平常對顏回最信任，尚且會懷疑他，可見我們的內心是最難確定的。大家要記住這件事情啊，要了解一個人，還真是不容易啊！」

連孔聖人也會對自己最信任的弟子起疑心，更何況普通人呢？許多人因為自己的眼睛所見、心裏所想，就輕易對別人產生誤會。總之，「錯誤解讀」在日常生活中經常發生，每一個人都應該學會辨識生活中常犯的錯誤思考。這需要你做到不要隨意用自己的看法去度量別人。

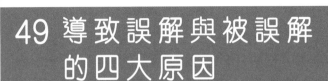

# 49 導致誤解與被誤解的四大原因

對那些和我們產生交集的人，我們會希望他們幫助我們真正了解他們所傳遞的資訊，無論是語言、動作還是其他；同樣我們也希望，自己傳遞給對方的資訊不被對方誤解。

在職場、親人、朋友之間，誤解屢見不鮮。美國社會心理學霍爾沃森（Heidi, Grant Halvorson）教授做過大量的有關「誤解」的研究，指出導致誤解和被誤解的四大原因：

## 1 認知偏差

心理學中有一個分支：認知心理學。認知心理學家經過多年的研究和論證，總結出了一組認知偏差，這是人們在知覺自身、他人或外部環境時，常因自身或情境使得知覺結果出現失真的現象。其中，在人際交往中有兩種方式是較容易導致誤解和被誤解的：透明錯覺和首因效應。

### 透明錯覺

透明錯覺就是你以為自己是透明的，別人應該知道你的所思所想。但你幾乎意識不到自己犯過這樣的錯誤，你可能還經常抱怨「我已經說得很清楚了」、「我已經很坦誠了」。

### 首因效應

首因效應也叫首次效應、優先效應或第一印象效應,是指交往雙方形成的第一印象對以後交往關係的影響,即先入為主帶來的效果。雖然這些第一印象並非總是正確的,卻是最鮮明、最牢固的,並且影響以後雙方交往的進程。

## 2 歸因理論

歸因理論是關於個人闡釋他人或自己行為原因的社會認知理論。比如,你看到某位老師的辦公室很亂:書架上的書沒有擺放整齊,寫字枱上的幾支筆凌亂地放着……這個時候,你通常會嘗試尋找「老師辦公室亂」的原因。

在歸因理論中,和人際關係中誤解關係最為緊密的是內在歸因和外在歸因。而研究表明,很多時候人們都會對眼前這個人的言行進行內在歸因,而忽略同等重要的外在歸因。比如上面的案例中,人們通常會認為「老師是個邋遢的人」,而不會去想「老師是個整潔的人,他正準備整理」。

## 3 雙系統理論

諾貝爾獎得獎者卡尼曼(Daniel Kahneman)教授認為:人在接收到另一個人傳遞給自己的資訊時,大腦中會有兩個系統對這些資訊進行處理。雙系統是指系統 1 和系統 2。雙系統是指大腦對一切事物的兩種反應模式,它可以用情緒或理性來表述,或者用直覺或邏輯來表述。在思考快與慢中,指的是反應很快的系統 1 和反應很慢的系統 2。

## 4 文化差異

人與人之間文化差異的存在，很容易造成誤解。比如，其中肢體語言的差異：

### 表示同意

通常我們認為允許或同意用點頭來表示，但在尼泊爾、印度、保加利亞等國家，搖頭表示的才是「同意」，而點頭表示的是「不認可、不同意」。

### 表示叫別人過來

中國人叫別人過來的肢體語言是把手伸向被叫人，手心向下，幾個手指同時彎曲幾次；而美國人的肢體語言為把手伸向被叫人，手心向上，握拳用食指前後擺動。

### 表示丟人（開玩笑時用）

中國人伸出食指在臉上刮幾下，而美國人則是伸出兩隻手的食指，手心向下，用一個食指擦另一個食指的背面。

### 表示讚揚

中國人豎起拇指表示讚揚，伸出小指表示「差、壞」；美國人將拇指朝上表示要求搭便車，將拇指朝下則表示「壞」；日本人伸出小指表示情人。

## 50 誤解對方時，要帶着真誠的心去化解

雙方之間做到完全理解是很難的。當你誤解別人時，關鍵是要帶着一顆真誠的心去交流與溝通。

假如你想修復雙方的關係，想了解對方的真實想法，那麼你首先要有真誠的姿態，給予對方信任，才可獲得真誠的交流。否則，對方會拒絕與你進一步交流。

當誤會來臨時，雙方不能坦誠相待，通常會產生兩種心理：一種是把雙方之間的情誼看作無堅不摧，認為既然是好友，就不應該計較一些瑣事，誤會壓根就不該產生，解釋也是多餘的；另一種則是站在對方的立場考慮問題，認為對方誤會自己其實是在乎自己的表現。誤會既然產生，就要認真對待，了解對方的心思，找到問題產生的根源，以真誠的心積極化解，讓友誼不受絲毫影響。

### 1 真誠道歉

當你誤解對方時，應向對方真誠道歉，說聲「對不起」。要想做到真誠道歉，就必須主動承認自己的錯誤。比如：「我在弄清楚事實之前，就說你這樣做是錯誤的，是我誤會你了，為此我要向你道歉。」

## 2 盡量從「我」的角度來陳述

在化解誤解的過程中，表達感情或陳述推測時，應盡量從「我」的角度去表達。比如：

「我當時是這麼想的⋯⋯」
「我之所以會這麼說，是因為⋯⋯」
「我覺得自己現在的感覺是⋯⋯」
「我的理解是，你現在為這件事感到傷心多過憤怒⋯⋯」

這會讓對方有機會去解釋：「雖然你是這麼想的，但是我想表達的是⋯⋯」記住一點，你可以說對方的言行對你而言意味着甚麼，但必須是從你自己出發。而做到這一點的一個好辦法就是說話盡量以「我」開始。

## 3 做到真正的傾聽

在別人說話時，其實很多人心裏早已想好了要如何回覆對方，或者早就認定了對方是怎樣的人，但為了讓自己看上去很有禮貌，而做出了認真傾聽的樣子。做到真正的傾聽應放下自己對這個人、這件事的偏見，拒絕任何先入為主的思維，甚至從對方的言語、行為中重新審視自己對這個人、這件事的認知。

# 51 總是被誤解？
# 其實是你不會表達

如果你總是被誤解，或許就不是對方的原因了，
而是自己的表達方式出現了問題。

平時，許多人不太注重語言的嚴謹性，經常使用不恰當
的語言，誤解也就產生了。馬歇爾·盧森堡（Marshall
Rosenberg）在《非暴力溝通》中説道：「我發現某些語
言和表達方式的負面影響。它們致力於滿足某種願望，卻
傾向於忽視人的感受和需要，以致彼此的疏遠和傷害。」

通常，不恰當的語言和表達方式包括四種：道德評判、進
行比較、迴避責任和強人所難。你需要有意識地規避這四
種表達方式，以避免對方總是誤解你：

## 1 道德評判

道德評判是用道德標準來評判人。如果一個人的行為不符
合正確的價值觀，那他就會被看作不道德或邪惡的。比如：
「他對人有成見。」
「這是不恰當的。」
「你最大的缺點就是太自私。」
「他冷漠得像個木頭人。」

類似這樣的評論多暗含着我們的價值觀及需要。但是，這樣的表達方式很可能會招來敵意。即使對方接受批評，做出讓步，通常也不是心甘情願的。如果對方出於恐懼或內疚來迎合你，早晚你會發現對方不再那麼友好。

## 2 進行比較

比較是評判的一種形式。比如：
「你看那個小朋友，這次考試比你強多了。」
「你這個月的業績不如上個月的。」

## 3 迴避責任

我們應對自己的思想、情感和行動負責。可是，人們經常使用「不得不」、「你讓我」這些短語。很顯然，這樣的表達方式淡化了個人責任，忽視了自身情感的內在根源。比如：
「我不得不這樣做。」
「是你讓我這樣做的。」

## 4 強人所難

強人所難往往暗含着威脅：假如不配合，就會受到懲罰。

那麼，你如何更好地表達，才不容易被誤解呢？

## 1 仔細觀察，並清晰表達

仔細觀察正在發生的事情，並清楚地説出結果。但注意不要將觀察和評論混為一談，否則別人就會傾向於聽到批評，並可能會反駁你。比如：

「阿峰很差勁。」

「阿峰在五場比賽中沒有踢進一個球。」

## 2 用豐富而準確的詞語表達感受

清楚地表達內心的感受，需要豐富的詞語。「很好」、「很差」這樣的詞語很難讓人明白你的實際情況。你可以用一些比較具體的表達感受的詞語，比如高興、振奮、害怕、擔心、緊張、厭煩、不滿、寂寞、鬱悶、遺憾、慚愧等。

## 3 直接説出對方的需要

如果你的朋友説「你從不理解我」，實際上他渴望得到理解；如果你的妻子説「這個星期你每天都加班到很晚，你喜歡工作，不喜歡我」，這其實反映了她看重你們之間的

親密關係。這時，如果你通過批評來提出主張，對方的反應往往是申辯或反擊；反之，如果你直接說出對方的需要，他就有可能做出積極的回應。

## 4 直接說希望對方做甚麼

當你請求別人時，如果要想得到積極的回應，你就要清楚而具體地告訴對方，你希望他做甚麼。最好不要請求對方不要做甚麼，這會讓他感到困惑，不知道你到底想要甚麼，並且這樣的請求還容易引起對方的反感。

「請你不要花太多時間在工作上」

「我希望你每週至少有一個晚上在家陪我。」

因此，為了避免不必要的誤解，你最好先在腦海裏思考一下表達是否合理，語言是否恰當。

## 52 流言止於智者，避免 陷入錯誤評論中

流言，指那些沒有根據、沒有得到求證的話，它 主要是認知偏差造成的。雖然你不能管住別人的 嘴，但你可以管住自己的。

有人生存的地方，就有流言是非。在社會心理學中，人們 把流言對個人心理與行為造成的消極影響現象，稱為「流 言效應」。這種效應的影響很大。《戰國策》中的一則故 事能説明這一點。

曾參是孔子的學生。有一個和曾參同名同姓的老鄉在外殺 了人，於是有人將曾參殺人的消息告知了他的母親。曾母 正在織布，聽到消息後説：「我的兒子不可能殺人。」然 後再不理睬報信的人。過了一會兒，又有人跑到曾母面前 説曾參殺人了，曾母還是不予理睬，繼續織着布。等第三 個報信的人説曾參殺了人時，曾母信了，變得緊張起來， 並急忙扔下手中的活跑了。

這則故事説明，通常人們聽到來自不同人的相同資訊，往 往會真的相信。曾參以好學和孝順聞名於世，位列儒家五 聖人之一，曾母對自己兒子的德行有充分的信任和了解。

但是，當連續三個人都說曾參殺了人時，曾母對兒子卻沒了自信。

那麼在人際溝通中，面對流言，你應該如何做呢？

### 1 真實描述事件，切記添油加醋

要做到真實描述事件，最主要的是管理好自己的思想。這樣可以避免在講故事的時候一片混亂。如果自己想要了解更多，可以去尋找答案，以獲取真實的資訊。

### 2 適當做「零存在感」的人

當一些人正在聊八卦時，你不妨做「零存在感」的人，找個其他藉口，表示不參與聊天。

### 3 要有開闊的胸襟

當我們胸有格局，不把目光局限於瑣碎之事，而是看得更高更遠時，就不會輕易陷入別人的流言中。因為有大胸襟的人是不屑於去計較這些瑣事的。

### 4 有明辨是非的能力

流言之所以會起作用，是因為有很多聽信流言並去傳播的人。面對各種流言，你要有明辨是非的能力，不要輕易聽信。你要意識到，聽信並傳播流言，也許會給他人帶來不可預估的傷害。

## ▶▶ ▶▶ 延伸閱讀

# 需避免的一些
# 具有攻擊性的表達

下面的十一個問題的表達帶有攻擊性，這樣的表達會
讓對方感到很不舒服。如果你能意識到其中的威脅，
你就朝着邏輯表達大師這個目標又邁進了一大步。

---

## 1

「那你想讓我怎麼做？」

---

「很抱歉，我真的不知道怎麼幫你。我也很想幫你，
但我幫不了。」

這句話是典型的逃避句式。當人們想要逃避責任的時候，就
會用這個帶有諷刺意味的句子。這樣的話語只會讓自己陷入
更多的麻煩中。如果你真的沒有能力解決一件事或無法協助
一件事，你就要心平氣和地說出事實，並向對方道歉。

# 2 「你不懂。」

「我希望我能把這個解釋明白……」

「這或許有點難理解，但是……」

預先對他人的理解能力下判斷，很容易惹惱對方。對方沒有說明白這件事情，也有可能是你沒有成功地溝通，因此，應提前給對方一個提示，說明這個事情比較複雜，而且要讓對方明白不理解也沒關係。

# 3 「因為這是規矩。」

「這樣規定是因為……」

「考慮到大家……」

「因為這是規矩」這句話會讓你看起來只關心自己的權威，而不管別人的心裏是如何想的。最好的表達方式是解釋清楚定下這些規矩的原因，特別是這些規矩考慮到了其他人的利益。

**「這不關你的事。」**

 「我不告訴你的原因是⋯⋯」

 「跟這件事有關的一方不願意我跟別人說,我想尊重他們的意願。希望你能理解我。」

告訴對方「這不關你的事」,只會引起衝突。如果你真的不想告訴對方,最好向他解釋清楚為甚麼不能透露資訊。

**5 「平靜一下!」**

 「一切都會好起來的。跟我說說,你遇到了甚麼問題?」

「平靜一下」聽起來是在批評對方的行為,並暗示對方沒有心煩意亂的權利。這會起到相反的作用,對方會更心煩。你應該冷靜下來,溫柔地跟對方説話。

# 6 「你到底有甚麼問題。」

試着說 「有甚麼不對嗎？我能幫到你甚麼呢？」

對於「你到底有甚麼問題」這句話，對方最典型的反應就是開啟防禦模式。因為沒有人喜歡承認自己有問題，而是寧願自己去想解決辦法。你可以換一種表達方式，這會使雙方就此問題展開真正的討論。

# 7 「過來！」

試着說 「很抱歉，我需要花一點時間跟你談談。」

試着說 「我能跟你談談嗎？就耽誤你一會兒。」

「過來」一句實際的意思是「走開」。因為這句話中有威脅的意思。如果換成類似上面的兩種正確表達，就會給對方一種有所選擇的感覺，對方也會懂得說話者的意思。

## 「我不會再重複一遍我的話！」

試着說

「你得明白這一點，這很重要。所以我再說一次，請認真聽。」

事實上，說完「我不會再重複一遍我的話」後，再重複一遍的可能性是極大的。這句話其實是在給自己「挖坑」，因為如果你真的不打算重複自己說過的話了，你就必須行動了，否則你將失去威信。

## 「我這麼做是為你好。」

試着說

「我這麼做是為你好，比如……」

如果你的所作所為真的是為對方好的話，就應說出具體的理由或例子，讓他清楚明白你的做法是如何為他好的。

# 10 「你從不 / 總是……」

**試着說**

「你遲到了，並且也沒有提前告訴我，這會讓我覺得你不在乎我的感受。」

這種指責性的總結話語很少是真實的，並且一旦你得出這種結論，就意味着你已經失去了全域的觀念，也失去了讓對方認真聽你說話的機會。你最好將這個不嚴謹的觀念從腦中剔除，讓對方向自己解釋或道歉。

# 11 「你為甚麼不能講點道理？」

**試着說**

「讓我來試着表述一下，看我是否明白了你的立場。」

「你為甚麼不能講點道理」這句話暗示了一些侮辱性的指責，只會讓你捲入一場爭端中，因此請不要輕易說出這句話，而是要跟對方講道理。

附

録

# 附 錄

## 測試一：你的語言表達能力如何

下面是語言表達能力的小測試，每題均有兩個答案：「是」或「否」。答「是」得 1 分，答「否」不得分。

**❶** 你在表達自己的情感時，很難選擇準確和恰到好處的詞語。

**❷** 別人總是難以準確地理解你口語或非口語所要表達的意思。

**❸** 你不太善於和與你想法不一樣的人交流感情。

**❹** 你認為連續不斷地交談很困難。

**❺** 你無法自如地表達你的感情。

**❻** 你時常避免表達自己的感受。

**❼** 在給一位不太熟悉的人打電話時，你會感到非常緊張。

**❽** 向他人打聽事情對你來説很困難。

**❾** 你不習慣和他人聊天。

**❿** 你覺得同陌生人説話有些困難和不自然。

⓫ 同老師或上司談話時，你會感到異常緊張。

⓬ 你在演說時思維會變得混亂或不連貫。

⓭ 你無法很好地識別他人的情感。

⓮ 你不喜歡在公眾場合對講話。

⓯ 你的文字表達能力比你的口頭表達能力要強很多。

⓰ 你無法在一位內向的朋友面前輕鬆自如地談論自己的事情。

⓱ 你不善於說服他人，儘管有時候你覺得自己很有道理。

⓲ 你不能自如地用身體語言，如眼神、手勢、表情等來表達自己的情感。

⓳ 你不善於讚美他人，總感到很難把話說得體貼、自然。

⓴ 在與一位你心儀的異性交談時，你會感到非常緊張。

## 【結果分析】

| 分數 | 分析 |
|---|---|
| 15 分或以上 | 你的語言表達能力較弱，語言溝通能力還很欠缺。如果你的性格太過內向，將阻礙你語言表達能力的提高。你應該盡量改變自己的性格，跳出自己生活的小圈子，多與外界接觸，在接觸的過程中尋找一些與他人交流的機會，慢慢提高自己說話的能力。只有這樣，你的人際關係網才會越來越大。 |
| 9~14 分 | 你的語言表達能力一般，如果再加把勁，你會覺得自己能輕鬆自如地與人溝通。提高你的語言表達能力，關鍵是在與人交流的過程中做到主動。這樣可以使你在交流中贏得主動權，你的語言表達能力會邁上一個新台階。 |
| 5~8 分 | 你的語言表達能力較好，好好利用你的優勢，使自己獲得更廣闊的人際關係網，但你仍然需要繼續努力，以使你在各種環境下都能夠無障礙溝通。 |
| 4 分或以下 | 你的語言表達能力非常好，你很清楚怎樣表達自己的情感和思想，能夠很好地理解他人和支持他人。不論是同事還是朋友，是主管還是下屬，甚至是競爭對手，你都能和他們保持良好的人際關係。 |

# 測試二：你是一個有說服力的人嗎

本測試題用於測評你的說服能力。請指出下面每一項陳述與你自身的實際情況的符合程度：「1」表示「不符合」，「2」表示有點符合，「3」表示基本符合，「4」表示比較符合，「5」表示「非常符合」。總得分愈高，說明你的說服能力愈強。

**1** 在嘗試說服他人之前，我先確立自己說服他人的資質。

○ 1 　　　　○ 2 　　　　○ 3
○ 4 　　　　○ 5

**2** 在說服他人時，我會提供過去人們信任我的證據。

○ 1 　　　　○ 2 　　　　○ 3
○ 4 　　　　○ 5

**3** 我分析聽眾的言語和行為，以評估他們的決策風格和對我的想法的接受程度。

○ 1 　　　　○ 2 　　　　○ 3
○ 4 　　　　○ 5

**4** 在說服他人時，我描述我的想法的好處和獨特之處。

○ 1 　　　　○ 2 　　　　○ 3
○ 4 　　　　○ 5

**5** 我在陳述中使用暗喻、類比和舉例子來強調要點。

○ 1　　　　　○ 2　　　　　○ 3
○ 4　　　　　○ 5

**6** 我有意識地將陳述中的論點限制在五個以內。

○ 1　　　　　○ 2　　　　　○ 3
○ 4　　　　　○ 5

**7** 我用高度可信的證據支持我的論點。

○ 1　　　　　○ 2　　　　　○ 3
○ 4　　　　　○ 5

**8** 當我引用事實或統計資料時，我將資訊組織在一起，從而使其清楚而令人難忘。

○ 1　　　　　○ 2　　　　　○ 3
○ 4　　　　　○ 5

**9** 我鼓勵聽眾進行回應以促使他們進行自我說服。

○ 1　　　　　○ 2　　　　　○ 3
○ 4　　　　　○ 5

**10** 我利用困擾型、引導型和反問型問題鼓勵聽眾進行自我說服。

○ 1　　　　　○ 2　　　　　○ 3
○ 4　　　　　○ 5

**11** 我積極傾聽聽眾的意見，並對其言語背後的含意和情感做出回應。

○ 1　　　　　○ 2　　　　　○ 3
○ 4　　　　　○ 5

**12** 我在說服前分析我的聽眾，以確定我採用的說服策略。

○ 1　　　　　○ 2　　　　　○ 3
○ 4　　　　　○ 5

**13** 我針對不同聽眾採用不同的說服策略、材料和方法。

○ 1　　　　　○ 2　　　　　○ 3
○ 4　　　　　○ 5

**14** 根據要傳遞的資訊的不同，我選擇不同的可視資料。

○ 1　　　　　○ 2　　　　　○ 3
○ 4　　　　　○ 5

**15** 我有意識地說明他人，目的是與他人之間建立信任。我知道這樣可以與他人建立一種友好關係，使他們以後願意向我提供幫助。

○ 1　　　　　○ 2　　　　　○ 3
○ 4　　　　　○ 5

**16** 我嘗試鼓勵人們以公開或書面的方式對我的想法做出承諾。

○ 1　　　　　○ 2　　　　　○ 3
○ 4　　　　　○ 5

**17** 我有意識地利用我的職權力量。

○ 1 　　　　 ○ 2 　　　　 ○ 3
○ 4 　　　　 ○ 5

**18** 當我擁有獨家資訊時，我會向說服對象強調這些資訊的價值。

○ 1 　　　　 ○ 2 　　　　 ○ 3
○ 4 　　　　 ○ 5

**19** 當我推崇某個事物時，我會強調這是標準做法或是一種流行趨勢。

○ 1 　　　　 ○ 2 　　　　 ○ 3
○ 4 　　　　 ○ 5

**20** 我將自己與受眾欣賞的產品、人物或公司關聯在一起。

○ 1 　　　　 ○ 2 　　　　 ○ 3
○ 4 　　　　 ○ 5

**21** 我強調自己與說服對象之間的相似點。

○ 1 　　　　 ○ 2 　　　　 ○ 3
○ 4 　　　　 ○ 5

**22** 當我的想法遇到抵觸意見時，我通過複述和提問來了解抵觸產生的原因，並表達我對抵觸者的顧慮的理解。

○ 1 　　　　 ○ 2 　　　　 ○ 3
○ 4 　　　　 ○ 5

23 我嘗試與說服對象建立積極的關係。

　○ 1　　　　　○ 2　　　　　○ 3
　○ 4　　　　　○ 5

24 當我預見到我的想法會遇到抵觸意見時，我會在發表
自己的觀點之前提出對方的論點並理解這些論點。

　○ 1　　　　　○ 2　　　　　○ 3
　○ 4　　　　　○ 5

25 我在說服他人時採用肯定、果斷和雙贏性的語言。

　○ 1　　　　　○ 2　　　　　○ 3
　○ 4　　　　　○ 5

# 表達過程中二十四個常見的邏輯謬誤

## 1 稻草人

在論辯中，你有意或無意地歪曲論敵的立場，以便能夠更容易地攻擊論敵，或者迴避論敵較強的論證而攻擊其較弱的論證。你歪曲了別人的觀點，使你自己能夠更加輕鬆地攻擊別人。這是一種極端不誠實的行為，不但影響了理性的討論，也影響了你自己觀點的可信度。

## 2 錯誤歸因

僅從兩個事物可能存在相關性，就得出一個事物是造成另一個事物出現的原因。你看到了兩個事物同時存在，就覺得其中一個事物是另一個事物的起因。你的錯誤在於，同時存在的兩個事物未必有因果關係，可能這兩個事物有共同的起因，或者它們直接的共存只是巧合。一件事情比另一件事情先發生同樣不能說明兩件事情肯定存在因果性。

比如，A 指出，過去幾個世紀，全球海盜數量減少，全球溫度在升高，從而得出海盜數量的減少造成了氣候變化。A 得出這樣的結論就犯了錯誤歸因的謬誤。

## 3 訴諸情感

訴諸情感，是指通過操縱人們的情感，而非有效的邏輯，來贏得爭論的論證方式。你操作的情感可能包括恐懼、嫉妒、憐憫和驕傲等。一個邏輯嚴謹的論述可能激起別人的情感波動，但是如果只用情感操作而不用邏輯論述，那你就犯了訴諸情感的錯誤。每個心智健康的人都會受情感影響，所以這種手段很有效，但這也是為甚麼這種手段是低級和不誠實的。

## 4 謬誤謬誤

你看到別人的論述水準很低，或者別人的論述裏面有謬誤，就認為別人的觀點一定是錯誤的。很多時候，辯論的贏家之所以獲勝，並不是因為觀點正確，而是因為辯論技巧更好。作為一個理性的人，你不能因為別人的論述中存在謬誤或者錯誤，就認為別人的觀點一定是錯誤的。比如，一個提倡健康飲食的人在電視上發表了一個很荒唐的飲食理論來推廣健康飲食理念，A看後覺得健康飲食就是騙人的，於是開始暴飲暴食。A就犯了謬誤謬誤。

## 5 滑坡謬誤

滑坡謬誤是使用連串的因果推論，卻誇大了每個環節的因果強度，而得到不合理的結論。

你不討論現下的事物 A，而是把討論重心轉移到了幻想出來的極端事物 Z 上。因為你沒能給出任何證據來證明 A 的出現一定會造成極端事物 Z 的出現，所以這是一種訴諸恐懼的謬誤，也影響了人們討論 A 時的客觀性。

## 6 人身攻擊

你針對對方的人格、動機、態度、地位、階級或處境等進行攻擊或評論，並以此為依據去駁斥對方的論證或去支持自己的論點。人身攻擊有時不一定是直接進行攻擊，也可能是通過背後捅刀子、暗示聽眾等方式來造成人們對對方人格的質疑。你試圖用你對他人人格的攻擊來取代一個有力的論述。它常常有下面幾種形式：

### 侮辱性人身攻擊

「×× 有如此不良的品性，因此，他的斷言（信念、觀點、理論和建議）是不對的，是要將其駁倒的。」如：「你平時一本書都看不完，一點學習能力都沒有，你發表的觀點怎麼可能對？」

### 自相矛盾型人身攻擊

「××× 之前說是那樣的，現在他又說可以這樣，他的觀點不可信。」如：「阿欣之前每天熬夜，現在她提出要保證睡眠，早起學習效率高，我才不信呢！」

## 背景式的人身攻擊

背景式的人身攻擊又稱為「因人廢言式人身攻擊」。比如：「×××是個×××，所以他說的這些何其可笑！」

## 7 訴諸虛偽

你不正面回應別人對你的批評，而是用批評別人作為你的回覆——「你不也曾經⋯⋯」你想要用批評回應批評的方式，免去你為自己辯護的責任。你通過這種方法來暗示對方是個虛偽的人，但是不管別人虛偽與否，你都只是在迴避別人對你的批評。比如，A在和B爭論的時候指出B犯了一個邏輯謬誤，B不正面捍衛自己的觀點，反而回應：「你之前也犯了邏輯謬誤。」B在這裏就犯了訴諸虛偽的謬誤。

## 8 個人懷疑

你因為自己不明白或者知識水準不夠，就斷定一個事物可能是假的。一些複雜的概念，如生物進化等，理解起來需要一些基本的知識。有些人因為不理解這些複雜的概念，而覺得這些東西是錯誤的。比如，A指着塊石頭說：「你說進化論是真的，那你讓這塊石頭進化成人給我看看。」A犯了個人懷疑的謬誤。

## 9 片面謬誤

當你的觀點被證明是錯誤的時候,你用特例來給自己開脫。人們都不喜歡被證明是錯的,所以當人們被證明是錯的時候總會想辦法給自己開脫。人總是覺得自己以前覺得正確的東西必須是正確的,所以總能找到理由讓自己「阿Q」一下。只有誠實和勇敢的人才能坦然面對自己的錯誤,並且承認自己犯錯了。

## 10 誘導性問題

你在提出問題的時候加入了誘導的成分,使得對方只能按照你的意思來回答。你試圖用誘導性的問題來逼對方回答你提出的低級問題,從而破壞理性的討論。

## 11 舉證責任

當有人提出一個觀點結果被人質疑後,你認為舉證的責任不在提出觀點的人,而在質疑者。不能證偽一個事物,或者舉出反例,並不能證明這個事物的合理性。當然,如果只因為沒有足夠的證據說明一個事物是合理的,並不能證明它是不合理的。比如,A說他相信宇宙是一個全知全能的神創造的,因為沒有人能證明神不存在,所以神是存在的。A就犯了舉證責任的謬誤。

## 12 語義模糊

你用雙關語或者存有歧義的語言來歪曲事實，當你被別人批評的時候，又利用這些有歧義的語言作為自己的擋箭牌。

## 13 賭徒謬誤

你認為隨機事件的發生和之前發生的事情是有相關性的。有人在看到獨立的隨機事件（比如拋硬幣）時，總覺得會和前面的事情有相關性。比如，A 在拋硬幣時，前面接連拋出五次正面，他認為自己下一次肯定是反面了。

## 14 樂隊花車

你試圖說明因為很多人都在做同一件事情，或相信同一個事物，所以這件事情就是對的。一個事物或觀點的流行程度和它本身是否合理沒有關係。地球是球形的，在人們相信地球是平的時代地球也是球形的。

## 15 訴諸權威

你利用一個權威人物或機構的觀點來取代一個有力的論述。要證明一個觀點，只是摘錄別人的觀點是不夠的，至少要知道所提到的權威為甚麼有那樣的觀點。因為權威人物或機構也是會犯錯誤的，所以不能無條件地假設合理性。當然，權威人物或機構的觀點有可能是對的，所以不能只因為對方使用了訴諸權威的謬誤就認定這個觀點是錯的。

## 16 合成謬誤

你認為一個總體的組成部分所具有的特性，對於這個總體的其他部分也是普適的。很多時候，對於一個組成部分存在合理性的事物，對於其他組成部分並不具有合理性。我們常能觀察到事物之間的一致性，所以當一致性不存在的時候也會帶有偏見地認為有一致性。

## 17 訴諸純潔

你提出了一個觀點，並受到了別人的批評，你試圖通過馬後炮和修改標準的方式來維護自己那個有缺陷的觀點。比如，A：「所有河南人都喜歡喝胡辣湯。」B：「××就是河南人，他就不喜歡喝胡辣湯。」A：「好吧，所有『真正的』河南人都喜歡喝胡辣湯。」

## 18 基因謬誤

你通過一個事物的出身來判斷它的好壞。你試圖逃避正面的討論，轉而討論事物的出處。這種做法和人身攻擊的謬誤類似，都是試圖通過已有的負面印象來從側面攻擊對方，卻不能正面地回應對方的論述。比如，A：「××不喜歡喝胡辣湯。」B：「××是河南人，怎麼會不喜歡喝胡辣湯？」B就犯了基因謬誤。

## 19 非黑即白

你把黑和白作為僅有的可能，卻忽略了其他可能性的存在。你使用了簡單粗暴的假二分法，來掩蓋其他可能性的存在。你想通過非黑即白的選擇來誤導討論，破壞辯論的客觀性。

## 20 竊取論點

你採用循環論證的方法來證明一個被包含在前提裏面的觀點。這是一種邏輯智商破產的謬誤，因為你把你的前提假設默認是真的，然後利用循環論證的方式來證明它。

## 21 訴諸自然

你認為一個事物是自然的，所以它是合理的、必然的並且更好的。一個事物是自然的，並不一定代表它就更好。互相殺戮是大自然中普遍存在的現象，但是大多數人都認為我們不應該互相屠殺。

## 22 軼事證據

你試圖用個人經驗或者單獨的事例來取代邏輯論述或者有力的證據。相比複雜而確鑿的證據，軼事證據更容易獲得，但是要粗淺很多。在絕大多數情況下，量化衡量的科學資料、確鑿證據比個人經驗、軼事要更加可信。

## 23 德克薩斯神槍手

你在大量的資料或證據中小心地挑選出對自己的觀點有利的證據，而不使用那些對自己不利的資料或證據。你先開了一槍，然後在子彈擊中的地方畫上靶心，假裝自己真是個神槍手。你先確定了自己的立場，然後才開始找證據，並且你只找對自己有利的，而那些對自己不利的證據就選擇性忽略。

## 24 中間立場

你覺得兩個極端觀點的妥協，或者說中間立場，肯定是對的。雖然大多數時候，真理確實存在於兩種極端觀點的中間地帶，但是你不能輕易地認為只要是處於中間立場的觀點就一定是正確的。謊言和實話的中間地帶依然是謊言。比如：A 認為疫苗會造成兒童自閉症，B 從科學研究中得出結論，認為疫苗不會造成兒童自閉症，B 認為兩者觀點的妥協——疫苗會造成兒童自閉症，但不是全部的兒童都會患自閉症——才是正確的。B 犯了中間立場的謬誤。

# 後記

## 邏輯表達力是現代人必備的能力

不少人認為做比說重要，但是在現代社會，說的重要性絲毫不亞於做的重要性。這一點，英國前首相白高敦（Gordon Brown）深有體會。他在離開唐寧街的時候說過這樣一句意味深長的話：「我原本以為只需要埋頭苦幹人民就會感激，而忘了語言表達在政治生活中扮演着很重要的角色。」因此，對於現代人來說，邏輯表達能力是必不可少的一種能力。

無論是在生活中，還是在工作中，處處需要強大的邏輯表達能力。就職業而言，現代社會從事各行各業的人都需要具有邏輯表達能力，比如商業工作者推銷商品、引導顧客購買產品，企業家經營管理企業等等。另外，在日常生活中，擁有邏輯表達能力，可以使你獲得幸福的生活和和諧的人際關係。

總之，邏輯表達能力是我們提高質素、開發潛力的必備技能，是我們駕馭人生、改造生活、追求事業成功的無價之寶，是通向成功的必要途徑。

# 給我說重點！

讓你擁有 超強表達力 的邏輯說話術

著者
劉琳

責任編輯
周宛媚

裝幀設計
羅美齡

封面設計
鍾啟善

排版
辛紅梅　劉葉青

出版者
萬里機構出版有限公司
香港北角英皇道499號北角工業大廈20樓
電話：2564 7511
傳真：2565 5539
電郵：info@wanlibk.com
網址：http://www.wanlibk.com
　　　http://www.facebook.com/wanlibk

發行者
香港聯合書刊物流有限公司
香港荃灣德士古道220-248號荃灣工業中心16樓
電話：2150 2100
傳真：2407 3062
網址：http://www.suplogistics.com.hk

承印者
美雅印刷製本有限公司
香港觀塘榮業街6號海濱工業大廈4樓A室

規格
32開（210mm×142mm）

出版日期
二〇二〇年十月第一次印刷
二〇二二年六月第二次印刷

本書（原書名：邏輯表達力）中文繁體字版的出版，由北京竹石文化傳播有限公司
正式授權，經由CA-LINK International LLC代理，由萬里機構出版有限公司出版
中文繁體字版本。非經書面同意，不得以任何形式任意重製、轉載。